Johann Lafer

Süddeutsche Zeitung Edition

Bibliothek der Köche

Johann Lafer

Text: Ingo Swoboda
Fotografie: Bernd Grundmann

Süddeutsche Zeitung Edition

Bibliothek der Köche

Sylt
Rostock-Warnemünde
Hamburg
Osnabrück
Hameln
Leipzig
Köln
Bergisch Gladbach
Frankfurt am Main
Stromberg
Mainz
Bayreuth
Naurath/Wald
Nürnberg
Zweibrücken
Herxheim
Stuttgart
München
Tegernsee

HUNSRÜCK

DIE BIBLIOTHEK DER KÖCHE

1. *Dieter Müller/Nils Henkel* **Bergisches Land**
2. *Johannes King* **Sylt**
3. *Harald Rüssel* **Mosel**
4. *Martin Fauster* **München**
5. *Martin Göschel* **Frankfurt**
6. *Ali Güngörmüs* **Hamburg**
7. *Thomas Kellermann* **Berlin**
8. *Jörg Glauben* **Pfalz**
9. *Eric Menchon* **Köln**
10. *Alexander Herrmann* **Oberfranken**
11. *Frank Buchholz* **Rhein-Main**
12. *Tillmann Hahn* **Mecklenburger Bucht**
13. *Peter Maria Schnurr* **Sachsen**
14. *Bernhard Diers* **Stuttgart**
15. *Michael Fell* **Oberbayern**
16. *Thomas Bühner* **Osnabrücker Land**
17. *Andree Köthe/Yves Ollech* **Mittelfranken**
18. *Karl-Emil Kuntz* **Mittlerer Oberrhein**
19. *Achim Schwekendiek* **Weserbergland**
20. *Johann Lafer* **Hunsrück**

INHALT

INHALT

Suppen

Fisch und Krustentiere

INHALT

Fleisch

Vegetarisches

INHALT

Die Stromburg, eine eindrucksvolle Burganlage, beherbergt heute Burghotel und Feinschmeckerrestaurant von Johann Lafer

*Mit seinem „Heli Gourmet“
hat Hubschrauber-Pilot
Johann Lafer eine neue
Dimension der „Event-
Gastronomie“ eingeläutet*

J O H A N N   L A F E R

Kochendes Phänomen mit Unterhaltungswert

Johann Lafer hat nur wenig Zeit, aber er lässt sich den Druck nicht anmerken, der ihn seit Jahren durch die Medienlandschaft hetzt, von einem Kochstudio zum nächsten Fernsehauftritt, dazwischen glitzernde Promi-Galas, unterhaltsame Kochshows auch ohne Kameras, Werbeaufnahmen, kulinarische Events und nicht zu vergessen das eigene Restaurant mit Hotel in Stromberg. Johann Lafer ist ein viel gefragter Mann, der ein enormes Arbeitspensum absolviert, der gebürtige Österreicher ist einer der bekanntesten und beliebtesten Köche der Deutschen. Und Lafer ist ein Phänomen, das seit mehr als 20 Jahren ununterbrochen in den Medien präsent ist, auch in Zeiten, als es noch nicht auf allen Fernsehkanälen brodelte und dampfte. Johann Lafer ist ein unermüdlicher Kämpfer für den guten Geschmack und damit für ein essentielles Stück Kultur, das Lebensqualität im Genuss birgt, der keineswegs erst beim Luxusprodukt anfängt. Gerade in einer rastlosen Gesellschaft, die sich in weiten Kreisen nur wenig Zeit fürs Essen und noch weniger Zeit fürs Kochen nimmt, ist seine Botschaft vom „Maul voller Glück“ für viele Initialzündung, sich um Essen und Trinken wieder Gedanken zu machen und vermehrt auf Produktqualitäten zu achten. Johann Lafer ist ihr vielfach präsenter Motivator, ein optimistischer und lebensfroher Mensch, dem der Spaß am Kochen anzusehen ist und der seine Vision „besser essen ist besser leben“ seinem Publikum überzeugend darbietet. Die Spur der Professionalität verlässt er dabei nie, Lafer ist nicht nur kulinarischer Entertainer, sondern vor allem ein Profi, der mit seinem Kochhandwerk unterhaltsame Öffentlichkeitsarbeit für die ganze Zunft leistet.

Steirische Heimat

Aufgewachsen ist Johann Lafer in Sankt Stefan im Rosental, rund 35 Kilometer von Graz entfernt. Die Landwirtschaft prägte den kleinen Ort, vielleicht keine heile Welt im Sinne einer Postkartenidylle, aber eine auf das Wesentliche reduzierte Welt, die das Einfache und die Arbeit zwangsweise in den Mittelpunkt stellte. Ob alt oder jung, jeder tat das, was ihm zugemutet werden konnte, es wurde im wahrsten Sinne des Wortes Hand in Hand gearbeitet, das war eine unausgesprochene Selbstverständlichkeit. Hier erlebt Johann Lafer die innige Verbundenheit und den unkomplizierten Umgang der Landbevölkerung mit der Natur und den Produkten, die die Jahreszeiten hervorbringen, ein von Respekt getragenes Miteinander von Mensch und Tier, gleichzeitig eine tiefe Gläubigkeit, die Lafer bis heute begleitet. Der Rhythmus der Natur bestimmt den heimischen Speisenzettel, alles was auf den Tisch kommt, hat die Mutter frisch zubereitet. Das gemeinsame Essen, das Zusammensitzen am Tisch ist für die Familie weit mehr als nur Nahrungsaufnahme, sondern hat für den jungen Johann auch immer etwas Sinnliches. Er spürt schon früh, dass Stimmung und Gemütslage auch vom Essen abhängen, dass die Lust am Kochen sich in Qualität verwandelt, die dann letztendlich glückliche Gesichter zur Folge hat. Genuss ist das Resultat, das von der Leidenschaft des Kochs an Produkt und Zubereitung getragen werden muss, Johann Lafer erkennt diesen Zusammenhang, der sein ganzes Berufsleben prägen wird. Mit Begeisterung hilft Lafer seiner Mutter in der Küche, sein Interesse liegt vor allem bei den traditionellen Mehlspeisen, und als er eine Schüssel mit Schneebesen geschenkt bekommt, wird aus Johann Lafer ein kleiner Zuckerbäcker.

Lehre in Graz

Kochen als Beruf, für Lafer wird die Leidenschaft zur Berufung. Mit sechzehn Jahren geht er nach Graz und beginnt im „Gösser Bräu“, einem der traditionsreichen Brauereigasthöfe Österreichs, seine Lehre. Doch die anfängliche Euphorie ist schnell verflogen, statt Kochlektion am Herd erfährt Johann Lafer im ersten halben Jahr alles über Spülen und Putzen und das Schälen von Kartoffeln und Zwiebeln. Es wird eine harte Zeit mit vielen Zweifeln am eingeschlagenen Weg, aber Lafer beißt sich durch. Nach und nach wird er in das Geschehen am Herd eingebunden, lernt von Grund auf das Kochhandwerk und fügt sich in die alte Weisheit, dass Lehrjahre keine Herrenjahre sind. Sein Ehrgeiz ist geweckt und jetzt hat er ein klares Ziel vor Augen: Er möchte einmal ein bekannter Koch werden, der vielleicht auch mal im Fernsehen kocht. In der Patisserie fühlt sich Johann Lafer am wohlsten, hier eröffnen sich dem wissbegierigen Lehrling viele kreative Gestaltungsmöglichkeiten und die Backerfahrungen von zu Hause kommen ihm zugute. Nach drei Jahren schließt Johann Lafer seine Lehre im Mai 1976 mit der Note „Sehr gut mit Auszeichnung“ ab.

Großstadt Kulinarik

Vom eher beschaulichen Graz geht es nach Berlin. Die geteilte, aber Tag und Nacht pulsierende Stadt

an der Spree ist für den jungen Lafer eine verlockende Herausforderung, im renommierten „Schweizer Hof“ tritt er seine erste Stelle als Koch an. Gute und schlechte Zeiten, die Erfahrungen in der großen Küchenbrigade sind für Lafer wichtige Meilensteine in seiner Karriere. Als er die Gesamtverantwortung für die Patisserie bekommt, ist er in seinem Element, bringt neue Ideen ein und hat mit seinen Kreationen Erfolg. Johann Lafer wird ein Meister der Zuckerbäckerei und ein talentierter Patissier. 18 Monate Berlin, danach geht es für Lafer von der Spree an die Elbe. Doch das schon zugesagte Engagement im „Landhaus Scherrer“ in Hamburg platzt in letzter Sekunde, Lafer ist ratlos. Als ihm sein Landsmann Josef Viehhauser eine Stelle in seinem neuen Restaurant „Le Canard“ anbietet, schlägt er ein. Die gerade angesagte „Nouvelle Cuisine“ steht bei Viehhauser im Focus seiner Kochkunst, für Johann Lafer eröffnet sich in Zubereitung und Präsentation der Speisen eine neue kulinarische Dimension. Bis dato ungewohnte Zutaten- und Geschmackskombinationen werden ausprobiert, Lafer entdeckt nach und nach die schier unendlichen Möglichkeiten, die sich in dem Berufsfeld auftun, wenn tadelloses Handwerk mit Kreativität und Phantasie bereichert wird. Nicht alles klappte beim ersten Versuch, immer aber stand das Produkt im Mittelpunkt, schnörkellos und ohne überflüssiges Beiwerk präsentiert. Die Zeit an der Seite von Josef Viehhauser wird für Johann Lafer eine wichtige Station auf dem Weg in die Spitzengastronomie.

Kreative Patisserie

Mit der Bewerbung als Chef-Patissier in den „Schweizer Stuben“ in Wertheim, an deren Herd die

JOHANN LAFER
Stromburg

Brüder Dieter und Jörg Müller stehen, wagt Johann Lafer den Schritt in eines der besten deutschen Restaurants, gleichzeitig ist es für den jungen Steirer ein großer Karrieresprung. Er wird eingestellt und erlebt eine aufregende Zeit. Mit der separaten Dessertkarte wird auch die Patisserie deutlich mehr gefordert, Lafers süße Arrangements und innovative Präsentationen werden zu einer festen Größe des Gourmet-Tempels und erregen nicht nur bei den Gästen Aufmerksamkeit, längst hat auch die Restaurantkritik den kreativen Österreicher lobend im Blickfeld. Nach den „Schweizer Stuben“ kann es für Johann Lafer nur zur damaligen Nummer eins gehen. Mit Eckart Witzigmann ist er sich schnell einig und Lafer beginnt im „Aubergine“ in München seine Arbeit als Chef-Patissier. Witzigmann ist von Lafers Krea-tionen begeistert, lässt ihn experimentieren, aber spart auch nicht mit Kritik, die jedoch stets inhaltlich fundiert ist. Perfektion im Produkt, der Zubereitung und der Präsentation, geschmackliche Qualität vom Feinsten, Kreativität und Kontinuität kennzeichnen den Jahrhundertkoch, für Lafer wird die Münchner Zeit noch einmal eine lehrreiche Stufe auf der Karriereleiter. Von München zieht es Johann Lafer zurück nach Berlin, hier soll er das Restaurant „Silberterrasse“ im KaDeWe übernehmen. Doch die Umbaumaßnahmen verzögern sich und als ein Ende nicht in Sicht ist, wechselt er kurzerhand nach Paris ins

In der Stromburg, wo einst der „Deutsche Michel“ residierte, triumphiert heute der gute Geschmack

Restaurant „Pré Catelan". Gaston Lenôtre, der legendäre französische Zuckerbäcker führt hier Regie und für Johann Lafer bedeutet das Pariser Abenteuer den Einstieg in die Küchenwelt der Grande Nation. Der beginnt, ganz wie zu seiner Lehrzeit, mit dem Schälen von Kartoffeln und dem Putzen von Gemüse. Erst mit seinen Dekorationen in der Patisserie erkämpft sich Lafer den Respekt der französischen Kollegen, darf einen Pralinen- und Zuckerziehkurs absolvieren und wird in die Füllungen der süßen Kugeln eingeweiht. Bis heute verbindet Lafer und Lenôtre ein freundschaftliches Verhältnis, einige Jahre nach Lafers Pariser Engagement kreieren die beiden eine gemeinsame Pralinenkollektion von Marzipanpralinen mit Kirsch- und Aprikosenfüllung und aufwändigen Mokka-Trüffelkreationen.

Der Weg ins Guldental

Bei aller Leidenschaft für die Patisserie möchte Johann Lafer nicht ausschließlich auf die süßen Sei-

ten des Kochhandwerks festgelegt werden und sucht eine neue Herausforderung als Küchenchef. Die findet er in Guldental bei Bingen am Rhein, Silvia Buchholz, die Inhaberin des „Le Val d'Or", sucht nicht einfach nur einen Küchenchef, sondern dazu einen kreativen Künstler. In dieser Stellenumschreibung findet sich Lafer wieder und er vereinbart ein Vorstellungsgespräch. Das 1979 eröffnete „Le Val d'Or" war bereits mit einem Michelin-Stern ausgezeichnet worden, das war die Vorlage für den neuen Küchenchef, auf den zweiten Stern soll zielstrebig hingearbeitet werden. Eine große Herausforderung, doch der 26-jährige Lafer gibt sich selbstbewusst, erläutert sein Geschäfts- und Küchenkonzept und trifft mit seinen Ideen zunächst auf Skepsis. Dennoch werden die Parteien sich einig und noch ahnt niemand, dass aus der Chefin Silvia Buchholz und ihrem Küchenchef Johann Lafer einmal ein erfolgreiches Gastronomenpaar werden wird. Anfängliche Schwierigkeiten und Missverständnisse begleiten den Start in Guldental, doch nach und nach zieht das erwachende kulinarische Interesse der Deutschen immer mehr Gäste in die Provinz. Die herzliche Gastfreundschaft von Silvia Buchholz und das kochende Talent Johann Lafer sprechen sich schnell herum, längst ist das „Le Val d'Or" kein Geheimtipp mehr. Verborgen bleibt auch nicht die Liebe, aus der Chefin und dem Küchenchef wird ein Paar. 1987 kommt endlich der lang ersehnte zweite Michelin-Stern, zu dieser Zeit hat Johann Lafer gerade sein erstes Buch „Weihnachtsbäckerei" in den Handel gebracht. Seine Karriere im Fernsehen begann bereits zwei Jahre zuvor mit der vom Südwestfunk produzierten Sendung „Glaskasten", die über kulturelle und kulinarische Besonderheiten von Land und Leuten berichtete.

Genuss hoch über dem Rheintal, Johann Lafer und sein Helikopter machen es möglich

Kulinarischer Adelssitz

Als die Stromburg, eine im 11. Jahrhundert erstmals erwähnte Stauferburg, zum Verkauf steht, entschließen sich Silvia und Johann Lafer das Wagnis einzugehen und ihr Restaurant in das alte Gemäuer zu verlegen. Dazu sollen Hotelzimmer eingerichtet, das ganze mittelalterliche Anwesen zu einem kulinarischen Zentrum verwandelt werden. Kein leichtes Unterfangen, die Restaurierung und der denkmalgerechte Umbau der Burg verschlingen Unsummen und kosten allen Beteiligten Kraft und Nerven. Doch die Lafers realisieren mit vereinten Anstrengungen ihren Traum, Ende 1994 finden die ersten Veranstaltungen auf der Stromburg statt. Heute präsentiert sich das liebevoll restaurierte Anwesen im neuen alten Glanz, neben dem Gourmet-Restaurant „Le Val d'Or" ist längst auch die „Turmstube" mit ihren bodenständigen, regionalen Gerichten ein kulinarischer Anziehungspunkt. Im Jahre 1996 gründet Johann Lafer seine Kochschule „Table d'Or", einige Jahre später sorgt er mit seinem „Heli Gourmet" für Schlagzeilen, als er mit dem eigenen Hubschrauber Gäste zu außergewöhnlichen Gourmet-Touren bringt. An Ideen mangelt es Johann Lafer nicht, um seine Ideen vom guten Essen und gleichsam guten Leben in Szene zu setzen. Für diesen Traum, der für ihn als kleiner Junge in der Steiermark begann, ist er rastlos unterwegs, eilt von Kochsendung zu Kochsendung und bringt gleichzeitig Produkte auf den Markt, von deren Qualität er restlos überzeugt ist und die deswegen seinen Namen tragen. Wo Lafer draufsteht, ist auch Lafer drin, sein Markenzeichen ist nicht nur seine Popularität, sondern vor allem seine Botschaft, Lebensqualität auch im Geschmack zu finden, ein „Maul voller Glück", das in aller Ruhe genossen werden kann.

STADT BINGEN F
BINGEN

Zwischen Rhein und Nahe

Am Rande des Weinlandes an der Nahe unweit des Städtchens Stromberg, zu Füßen des Soonwaldes, liegt die Stromburg. Eine eindrucksvolle Burganlage mit einer bewegten Geschichte und heute ein Ort des guten Geschmacks, Burghotel und Feinschmeckerrestaurant von Johann Lafer. Ihre erste urkundliche Erwähnung findet die Burg im Jahre 1056, als sich Graf Bertolf nach der Stromburg benannte, 60 Jahre später wird sie durch die Truppen des Mainzer Erzbischofs Adalbert I. zerstört und wenig später wieder aufgebaut. Im Schutz der Burg entsteht nach und nach das Dorf Stromberg, wenngleich erste Siedlungsspuren bereits in die Zeit der Kelten verweisen. Auch die Römer, die unter Julius Cäsar in den Jahren 58 bis 51 vor Christus Gallien erobern, hinterlassen Spuren rund um Stromberg. Wichtige Handelstraßen führten von Mainz über Stromberg nach Trier, die Strecke vom Rhein an die Mosel blieb auch über Jahrhunderte hinweg bedeutsam und oft umkämpft. Bekannt geworden ist die Stromburg vor allem durch den so genannten „Deutschen Michel“, der als Personifizierung der Deutschen mit Zipfelmütze erstmals im Jahre 1525 in einer Karikatur auftaucht. Doch hinter dem vermeintlich tölpelhaften „Deutschen Michel“ verbirgt sich ein tapferer Soldat, der als Hans Michael Elias von Obentraut auf dem elterlichen Hofgut in Heddesheim – heute ein Ortsteil von Guldental – geboren wurde. Sein Vater, Oberschultheiß Johann Barthel von Obentraut, war Amtmann auf der Stromburg. Wie im 16. Jahrhundert üblich, erhält Hans Michael Elias seinen Namen nach den Kirchenheiligen des Geburtstages, sein Rufname als Junker war Hans Michel. Ausbildung und Erziehung des Junkers entsprechen einer Epoche, in der Verwegenheit, Kühnheit und Unerschrockenheit, aber auch Gottesfurcht und Ehrsamkeit zu den Tugenden des Rittertums gehören. Hans Michael von Obentraut tritt als junger Offizier in den Dienst seines Kurpfälzer Landesherrn Kurfürst Friedrich von der Pfalz. Im Jahre 1619 befehligt er im Rang eines Oberst mit rund 500 Reitern eine beachtliche Streitmacht. Mit dieser Truppe kämpft Hans Michael Elias von Obentraut im Dreißigjährigen

Wo die Nahe in den Rhein mündet, liegt Bingen, seit 2008 Stadt der Landesgartenschau. Mitten im historischen Kern der Stadt thront auf einer Anhöhe die Burg Klopp

Krieg auf der Seite der Evangelischen Union, sein Mut und sein militärisches Geschick machen ihn bald zu einem gefürchteten Gegner seines Widersachers Tilly und dessen spanischen Söldnern, die ihm respektvoll den Namen „Miquel Aleman" – Deutscher Michel – geben. Der Name ist schon bald in den Reihen aller kriegsführenden Parteien bekannt, und hat auch in unheilvoller Zeit einen ehrenhaften Klang. Er wird zum Generalleutnant befördert, befehligt ein Regiment, das seinen Namen trägt, und wird in einer Schlacht gegen die kaiserlichen Reiter bei Hannover schwer verwundet. Glaubt man den Geschichtsschreibern, hat ihn sein Gegner Tilly noch am Sterbebett besucht und ihm damit seinen ritterlichen Respekt bezeugt. Banner, Degen, Helm und Sporen des Hans Michael Elias Ritter von Obentraut sind in der Marktkirche zu Hannover, wo der „Deutsche Michel" begraben liegt, noch heute zu sehen. Ob sein „Spitzname" tatsächlich für die Charakterisierung deutscher Eigenarten Pate stand, bleibt umstritten. Auf der Stromburg erinnert jedenfalls ein Bildnis des Ritters an Hans Michael Elias von Obentraut und seine Zeit auf der Stromburg, die Familie starb Anfang des 18. Jahrhunderts aus.

Verbandsgemeinde Stromberg

Die Stadt Stromberg zählt heute rund 3500 Einwohner und ist seit der rheinland-pfälzischen Verwaltungsreform Sitz der Verbandsgemeinde. Dazu gehören die neun Ortsgemeinden Daxweiler, Dörrebach, Eckenroth, Roth, Schöneberg, Schweppenhausen, Seibersbach, Waldlaubersheim und Warmsroth, zur Stadt zählt auch die Aussiedlung Schindeldorf. Ein Rundgang durch den beschaulichen Ort führt vorbei am Schlangenturm, einem vorbildlich sanierten historischen Wehrturm, und den Resten der ehemaligen Stadtbefestigung. In der evangelischen Stephanskirche sind historische Wappensteinen und Grabplatten zu bewundern, die katholische Kirche „St. Jakobus d. Ä.", erbaut aus behauenem Stromberger Kalkstein, beherbergt

Die Drususbrücke, eine der ältesten Steinbrücken Deutschlands, verdankt ihren Namen dem römischen Feldherren Drusus, der die erste hölzerne Brücke in Bingen über die Nahe bauen ließ

ein großes altes Kruzifix und kostbare sakrale Gegenstände aus dem frühen 18. Jahrhundert. Das Heimatmuseum Stromberg, ein ehemaliges Forsthaus, führt anhand von Fragmenten römischer Ausgrabungen, mittelalterlicher Relikte, Landkarten, Urkunden und Schriftstücken des 16. bis 20. Jahrhunderts durch die Stadtgeschichte. Im Museum sind dazu der Raum einer Schulklasse um 1900, eine komplette Uhrmacherwerkstatt, die „Gute Alte Stube" und Omas Küche detailgetreu eingerichtet und zu besichtigen, ein an der Fachwerkfassade angebrachtes Glockenspiel lässt jeweils um 11 und 17 Uhr ein Volkslied erklingen.

Unweit von Stromberg liegen die beiden Weinbauregionen Mittelrhein und Nahe, zwei Gebiete, die gerade in den letzten Jahren mit ihren Weinen an Renommee gewonnen haben. Romantik wie aus dem Bilderbuch bietet das Mittelrheintal, hoch über dem Fluss, auf malerischen Rebterrassen neben mittelalterlichen Burgen und Schlössern, klammern sich die Weinberge in die Steilhänge des Mittelrheins. Eine romantische Rhein- und Weinlandschaft, die im Jahre 2003 von der UNESCO zum Weltkulturerbe erklärt wurde. Das Weinanbaugebiet Mittelrhein erstreckt sich über fast 120 Kilometer rechtsrheinisch von Kaub, die Lahn eingeschlossen, und linksrheinisch von Trechtingshausen bis zu den nördlichen Ausläufern des Siebengebirges. Nach Westen hin begrenzen die Mittelgebirge Hunsrück und Eifel den Mittelrhein, im Osten liegen die Ausläufer des Taunus, im Norden der Westwald und das Siebengebirge. Alle Gebirgszüge zusammen bilden das Rheinische Schiefergebirge. Etwa drei Viertel der Fläche ist mit Riesling bestockt, doch jedes Jahr werden Rebflächen aufgegeben, auch exponierte Lagen wie der Bopparder Hamm sind vor einer Überwucherung nicht gefeit. Immer mehr kleine Betriebe geben auf, die kostenintensive Arbeit in den Steillagen ist für viele nicht attraktiv und lukrativ genug. Dennoch sind es gerade junge Winzer, die mit ihren Rieslingen von sich reden machen und dem Weinbau und der damit verbundenen alten Kulturlandschaft am Mittelrhein eine Zukunft geben. Die Weinszene in einem der kleinsten deutschen Anbaugebiete bestimmen

Die historischen Brückenhäuser an der Nahe gehören zu den markanten Sehenswürdigkeiten der Stadt Bad Kreuznach

heute eine Handvoll engagierte Familienbetriebe, die, statt Grundweine für die Sektindustrie oder billige Schoppen für den Rheinromantik-Tourismus zu produzieren, zeigen, welches Potenzial in den Böden am Mittelrhein steckt. Denn auf den steinigen Schiefer- und Grauwackenböden findet der Riesling einen interessanten Untergrund, der ihm rassigen Charakter, feinfruchtige Säure und immer eine mineralische Note mitgibt. In guten Jahren glänzen vor allem die leicht restsüßen Rieslinge vom Mittelrhein mit einer mineralischen Eleganz, wie sie in Deutschland selten zu finden ist. Trocken ausgebaut, wirken die Weine in der Jugend zwar etwas zurückhaltend, weil die Säure noch sehr prägnant ist, gewinnen aber mit zunehmender Reife an komplexen Fruchtaromen und einer eleganten Firne.

Wein von der Nahe

Von der Mündung flussaufwärts bis kurz vor das Städtchen Kirn stehen die Rebhänge in dem sich windenden Nahe-Flusstal, ebenso wie in den Nebentälern des Guldenbachs, des Gräfenbachs, der Glan und der Alsenz. Lange Zeit stand die Nahe im Schatten der großen Nachbarn Rheingau und Mosel, bis 1930 wurden Nahe-Weine weitgehend noch als „Rheinweine" verkauft. Erst 1971 wurden die Grenzen des Anbaugebietes festgelegt und die Nahe bekam trotz ihrer Vielfalt langsam ein eigenes Profil und ein neues Selbstbewusstsein. Mittelständische Familienbetriebe sind seit Jahren verlässliche Qualitätsgaranten, wenn es um Spitzen-Rieslinge geht. Das Typische an der Nahe ist, dass es nichts Typisches gibt, denn das Gebiet ist geographisch und sensorisch ein Multitalent, das eine geschmackliche Gratwanderung zwischen einer feinen, zarten Stilistik und einem etwas kompakteren, eleganten Stil zulässt. Im Norden wachsen auf einem breiten Streifen von Schiefer- und Grauwackenböden spritzige und rassige Weine. Weiter südlich, in Richtung Bad Kreuznach, finden sich Sand, Mergel und Lehm, die feinblumige und elegante Gewächse hervorbringen. Westlich und nördlich der mittleren Nahe bestimmt roter Tonschiefer den Boden. Die Weine sind hier besonders blumig, nachhaltig und haben eine dezente Säure. Im unmittelbaren Bereich der Nahe zwischen Bad Münster und Schloss Böckelheim ist das Terroir vulkanischen Ursprungs. Die Weine aus diesen Böden zeigen viel Würze und feine mineralische Töne. Als typische Nahegewächse bezeichnet man in der Regel die spritzigen rassigen Rieslingweine, die im Anbau den Müller-Thurgau auf den zweiten Platz verdrängt haben. Sie sind erstaunlich lange haltbar und selbst Jahrgänge aus den siebziger Jahren sind noch voll auf der Höhe ihres Geschmacks.

Bingen am Rhein

Dort, wo die Nahe in den Rhein mündet, liegt Bingen, seit 2008 Stadt der Landesgartenschau. Mitten im historischen Kern der Stadt thront auf einer Anhöhe die Burg Klopp, heute Sitz der Stadtverwaltung. Die gut erhaltene Anlage verfügt über zahlreiche römische Meilensteine, die noch heute auf die Begründer der Stadt hinweisen. Auch die Drususbrücke, eine der ältesten Steinbrücken Deutschlands, die ihren Namen dem römischen Feldherrn Drusus verdankt, der die erste hölzerne Brücke in Bingen über die Nahe bauen ließ, erinnert an die römische Vergangenheit der Stadt. In den rechten Uferbrückenpfeiler ist eine Kapelle eingebaut, in der über Jahrhunderte hinweg Reisende um einen guten Verlauf ihrer Reise gebetet haben. Von der Burg Klopp aus hat man einen herrlichen Ausblick auf die Nahemündung und den sagenumwobenen Mäuseturm, auf der gegenüberliegenden Rheinseite liegt auf einem Felsvorsprung des Rüdesheimer Berges die alte Mainzer Zollburg „Ehrenfels“, ein markantes Denkmal am Tor zum romantischen Rhein. Im „Historischen Museum am Strom – Hildegard von Bingen“ wird das Leben und Wirken einer der bedeutendsten Frauen des Mittelalters anschaulich dargestellt. Hier sind Modelle des zerstörten Klosters Rupertsberg in Bingerbrück zu sehen, andere Abteilungen des Museums widmen sich der legendären Rheinromantik, die mit den Rheinreisen der Engländer gegen Ende des 18. Jahrhunderts beginnen.

Bad Kreuznach

Rund 20 Kilometer von Bingen entfernt liegt an der Nahe die Stadt Bad Kreuznach, deren Ursprung auf eine keltische Siedlung zurückgeht. Bis zum Ende des 4. Jahrhunderts lag das damalige „Cruciniacum“ im Siedlungsgebiet des römischen Weltreiches, die Römer brachten nicht nur den Weinbau an die Nahe, sondern bauten auch Straßen und Brücken, es entstanden Gutshöfe und prachtvolle Villen mit allem Komfort, den die Antike zu bieten hatte. Zwei Mosaikböden aus dieser ersten Glanzzeit Bad Kreuznachs sind erhalten geblieben und heute im Museum der Stadt ausgestellt. Die strategische Lage der Stadt als wichtiger Verkehrsknotenpunkt lockte Handel und Handwerk nach Kreuznach, im Jahre 1270 erhielt der ummauerte Ort städtische Freiheiten wie Steuerhoheit, Markt, Gericht und Zoll. Nach den verheerenden Zerstörungen im Dreißigjährigen Krieg wurde das mittelalterliche Kreuznach im Jahre 1689 von französischen Truppen weitgehend verwüstet. Erst mit dem Beginn des Kurbetriebes erlebt Bad Kreuznach eine neuerliche Blüte. Dr. Johann Erhard Prieger war es, der die Heilkraft der Sole erkannte und 1817 die erste Badestube errichtete. In den folgenden Jahrzehnten entstand das Kurviertel, seine prachtvollen Villen, das Kurhotel und die Parkanlagen prägen bis heute das Stadtbild. Mit der seit den 1970er Jahren behutsam sanierten Altstadt hat Bad Kreuznach ein gutes Stück seiner langen Geschichte zurückgewonnen. Die historischen Brückenhäuser, das „Klein-Venedig“ an der Ellerbachmündung, Pauluskirche, Kornmarkt, Alte Mehlwaage am Mühlenteich, der Eiermarkt mit Nikolauskirche, das Fausthaus und der „Schar“, die engste Gasse der Stadt, gehören heute ebenso zu den Sehenswürdigkeiten der Stadt wie das Salinental mit den Gradierwerken und das Rittergut Bangert mit Schlossparkmuseum.

Mitten im Rhein, gegenüber der Stadt Bingen, steht der Mäuseturm, eine alte Zollstation aus längst vergangenen Zeiten

Seit mehr als 20 Jahren ist Johann Lafer ununterbrochen in den Medien präsent und zählt zu den bekanntesten Köchen der Republik

Vorspeisen

Ceviche vom Seeteufel mit Ananas
Crème brûlée von der Gänsestopfleber
Gegrillte Jakobsmuscheln auf Spargelgemüse
Gemüse Mille feuille
Marinierter Schweinebauch
Marinierter Thunfisch mit Avocado-Mango-Tatar
Mosaik von Roten Beten und Kartoffel
Tomatencarpaccio mit Vanilledressing

Ceviche vom Seeteufel mit Ananas

und Gurkenspaghetti

Für 4 Personen

Seeteufel
4 unbehandelte Limonen
1 Baby-Ananas (oder ½ Ananas)
400 g küchenfertiges Seeteufelfilet
1 Salatgurke
3 Basilikumzweige
5 EL Olivenöl
2 EL Honig
Salz, Pfeffer
1 kleine Chilischote

1 Beet Shizo-Kresse

1. Die Schale einer Limone abreiben. Alle Limonen halbieren und den Saft auspressen. Die Ananas schälen, vierteln, den Strunk entfernen und die Ananasviertel in Würfel schneiden.

2. Den Seeteufel waschen, trocken tupfen und in dünne Scheiben schneiden. Diese mit Limonensaft und -schale marinieren und für ca. 1 Stunde kalt stellen.

3. Die Salatgurke waschen und in sehr feine, lange Spaghetti schneiden. Die Basilikumblätter von den Zweigen zupfen, zusammen mit dem Olivenöl und dem Honig in einem Mixer fein pürieren, mit den Gurkenspaghetti mischen und mit Salz, Pfeffer und den Chiliwürfeln würzen.

4. Die Seeteufelscheiben auf einem Teller auslegen, die marinierten Gurkenspaghetti mit der Basilikummarinade und den Ananaswürfeln als Nest darauf anrichten und mit Shizo-Kresse garnieren.

Crème brûlée von der Gänsestopfleber

mit Dörrobst und Bratapfelsorbet

Für 4 Personen

100 g Gänsestopfleber
100 ml Sahne
100 ml Milch
2 Eigelb
40 ml Portwein
Salz, Pfeffer

Dörrobst
150 g Dörrobst (Rosinen, Pflaumen, Aprikosen, Feigen)
50 g Zucker
100 ml Apfelsaft
20 g Walnüsse, geröstet und gehackt
40 ml Rum
20 ml Calvados
Salz, Pfeffer
Chili aus der Gewürzmühle

Bratapfelsorbet
800 g säuerliche Äpfel
200 ml Apfelsaft
Saft von 2 Zitronen
3 Nelken
1 Zimtstange
Mark von ½ Vanilleschote de Tahiti
60 ml Winterapfellikör
2 Blätter Gelatine

Apfelchips
1 Apfel
Puderzucker zum Bestäuben

4 EL brauner Zucker

1. Gänsestopfleber von den Sehnen befreien und in grobe Würfel schneiden. Zusammen mit der Sahne und der Milch vorsichtig erhitzen und aufmixen. Die Mischung zum Eigelb in eine Schüssel geben und über dem Wasserbad zur Rose abziehen.

2. Den Portwein mit Salz und Pfeffer auf 20 ml reduzieren, zu der Gänsestopflebermasse geben und alles durch ein feines Sieb passieren. Die Masse in Suppenteller füllen und im vorgeheizten Backofen bei 90 °C im Wasserbad ca. 45–60 Minuten pochieren. Anschließend im Kühlschrank auskühlen lassen.

3. Das Dörrobst fein würfeln. Den Zucker in einem Topf karamellisieren, das Dörrobst zugeben, mit dem Apfelsaft ablöschen und einreduzieren lassen. Anschließend die Walnüsse, den Rum und Calvados zugeben, mit Salz, Pfeffer und Chili aus der Gewürzmühle abschmecken und abkühlen lassen.

4. Die Äpfel schälen, entkernen und in grobe Würfel schneiden. Mit dem Apfelsaft, dem Zitronensaft und den Gewürzen weich kochen. Anschließend die Nelken, die Zimtstange und die Vanilleschote entfernen. Mit Hilfe eines Stabmixers die Äpfel fein pürieren. Von dem Püree 500 g abmessen, mit dem Winterapfellikör verfeinern und das Püree durch ein feines Sieb passieren.

5. Die zuvor in kaltem Wasser eingeweichte Gelatine ausdrücken, auflösen und in das Apfelpüree rühren. Anschließend die Masse in einer Eismaschine gefrieren.

6. Den Apfel auf einer Aufschnittmaschine in dünne Scheiben schneiden, auf ein mit Backpapier ausgelegtes Backblech legen, mit Puderzucker bestäuben und für ca. 2–3 Stunden im vorgeheizten Backofen bei 80 °C trocknen.

7. Die ausgekühlte Crème brûlée mit dem braunen Zucker bestreuen und mit einem Bunsenbrenner vorsichtig abflämmen. Das Dörrobst mittig darauf anrichten, eine Nocke Bratapfelsorbet daraufsetzen und mit einem Apfelchip garnieren.

Gegrillte Jakobsmuscheln auf Spargelgemüse

mit Orangen-Vanille-Schaum

1. Orangensaft zusammen mit dem Vanillemark auf 150 ml einkochen. Die Butter unter die Orangen-Vanille-Reduktion mixen. Die Orangen filetieren, den Saft auffangen und beides reservieren.

2. Die Jakobsmuscheln aus der Schale brechen, gut säubern und mit Öl, Knoblauch und Thymian in einer Grillpfanne braten. Mit Salz und Pfeffer würzen. Die tiefen Muschelschalen gut säubern und zum Anrichten aufbewahren.

3. Den Spargel auf einer Aufschnittmaschine längs in dünne Scheiben schneiden, in kochendem Salzwasser blanchieren, in Eiswasser abschrecken und auf Küchenpapier abtropfen lassen.

4. Die Butter in einer Pfanne erhitzen, Schalotten darin glasig anschwitzen und den Spargel zugeben. Mit Salz und Pfeffer würzen und mit einem Teil der Orangenreduktion ablöschen. Zum Schluss die reservierten Orangenfilets und den aufgefangenen Orangensaft zufügen.

5. Den Spargel in den Jakobsmuschelschalen anrichten, die gegrillte Jakobsmuschel darauflegen und mit der Orangen-Vanille-Reduktion und Orangenzesten servieren.

Für 4 Personen

Orangen-Vanille-Schaum
500 ml Orangensaft
Mark von
1 Vanilleschote de Tahiti
60 g Butter
2 Orangen

Gegrillte Jakobsmuscheln
4 Jakobsmuscheln
3 EL Olivenöl
2 Knoblauchzehen
3 Thymianzweige
Salz, Pfeffer

Spargelgemüse
6 Stangen grüner Spargel
6 Stangen weißer Spargel
40 g Butter
1 Schalotte, fein gewürfelt
Salz, Pfeffer

Orangenzesten zum Garnieren

Gemüse Mille feuille

mit gebratenen Riesengarnelen und Rucola

Für 4 Personen

Gemüse Mille feuille
2 rote Paprika
2 gelbe Paprika
2 Zucchini
1 Aubergine
50 ml Olivenöl
2 Thymianzweige
2 Rosmarinzweige
3 Knoblauchzehen
Salz, Pfeffer
3 rote Zwiebeln
2 EL Olivenöl
2 EL Zucker
Salz
50 ml Rotweinessig
50 ml Balsamico-Essig
1 EL Tomatenmark

Riesengarnelen
8 Riesengarnelen
20 g Butterschmalz
1 Thymianzweig
1 Rosmarinzweig
2 Knoblauchzehen
Salz, Pfeffer
Chili aus der Gewürzmühle

Rucola
100 g Rucola
100 g Frisée
3 EL Olivenöl
2 EL Balsamico bianco
Salz, Pfeffer

1. Die Paprika halbieren, entkernen und auf ein geöltes Backblech legen. Im Ofen bei 150 °C ca. 30–40 Minuten garen, danach die Haut vorsichtig von den Schoten abziehen. Mit Hilfe eines Ringes (3–4 cm Durchmesser) Kreise ausstechen.

2. Die Zucchini und die Aubergine in ca. 3 mm dicke Scheiben schneiden und in Olivenöl zusammen mit Thymian- und Rosmarinzweigen sowie den halbierten Knoblauchzehen braten, mit Salz und Pfeffer würzen. Anschließend auf Küchenpapier abtropfen lassen und ebenfalls Kreise ausstechen.

3. Die Zwiebeln schälen und in Würfel schneiden. In Olivenöl anschwitzen, mit dem Zucker karamellisieren und mit Salz würzen. Mit den beiden Essigsorten ablöschen und diese einreduzieren lassen. Zum Schluss das Tomatenmark unterrühren und auskühlen lassen.

4. Nun abwechselnd die einzelnen gegrillten Gemüse mit Hilfe eines Ringes von 5 cm Durchmesser aufeinanderschichten und zum Schluss die rote Zwiebelmarmelade auf das Gemüse schichten. Die Ringe kühl stellen.

5. Die Riesengarnelen von der Schale befreien, am Rücken einschneiden, den Darm entfernen, gut waschen und abtrocknen. Das Butterschmalz in einer Pfanne erhitzen, die Riesengarnelen darin vorsichtig mit Thymian, Rosmarin und Knoblauch anbraten, mit Salz, Pfeffer und Chili aus der Gewürzmühle würzen.

6. Den Rucola und den Frisée putzen, waschen und trocken schleudern. Mit Olivenöl und Balsamico marinieren, mit Salz und Pfeffer würzen.

7. Das Gemüse Mille feuille mittig auf einem Teller anrichten und mit den Riesengarnelen und dem Rucola servieren.

Marinierter Schweinebauch

auf karamellisierten Schwarzwurzeln und Trüffelvinaigrette

1. Die Knoblauchzehen fein würfeln und mit den Lorbeerblättern, dem Thymian, dem Kümmel und dem Öl mischen, den Schweinebauch mit Marinade einpinseln, zusammen mit der Pfeffermischung in einen Gefrierbeutel geben und das Ganze 24 Stunden marinieren. Die restliche Marinade aufbewahren.

2. Den Schweinebauch aus der Marinade nehmen, etwas abtropfen lassen und von beiden Seiten in einer Pfanne bei mittlerer Hitze anbraten. Anschließend auf ein mit Backpapier ausgelegtes Backblech geben, mit der restlichen Marinade beträufeln und bei 100 °C Ober- und Unterhitze im Ofen ca. 4–5 Stunden garen.

3. Sojasauce und Honig verrühren. Den Schweinebauch in Würfel schneiden, kurz vor dem Servieren damit bestreichen, unter dem Backofengrill knusprig und goldbraun braten und mit Salz würzen.

4. Die Schwarzwurzeln unter fließendem Wasser schälen, auf ca. 10 cm Länge schneiden und in Milch einlegen, damit die Stangen nicht braun werden. Die Schwarzwurzeln in der leicht gewürzten Milch bissfest garen, dann aus der Milch nehmen und mit Küchenpapier abtupfen. Die Butter in einer Pfanne schmelzen, die Schwarzwurzeln darin goldgelb braten, mit etwas Puderzucker bestäuben und karamellisieren lassen. Mit Salz und Pfeffer abschmecken.

5. Den Trüffel fein würfeln und zusammen mit der fein gewürfelten Schalotte im Olivenöl anschwitzen. Mit Madeira, Portwein und Balsamico-Essig ablöschen. 50 ml Trüffelfond angießen und den Sud ca. 1 Minute köcheln lassen. Das Walnussöl mit dem Schnittlauch unterrühren und mit Salz und Pfeffer würzen.

6. Die Schwarzwurzelstangen nebeneinander anrichten, den knusprigen Schweinebauch darübergeben und mit der Trüffelvinaigrette beträufeln. Den Salat mit einem Teil der Trüffelvinaigrette marinieren, mit Salz und Pfeffer würzen und vorsichtig auf dem Schweinebauch anrichten. Mit Shizo-Kresse garnieren.

Für 4 Personen

Marinierter Schweinebauch
3 Knoblauchzehen
2 Lorbeerblätter
1 TL Thymianblättchen
1 TL Kümmel
100 ml Sonnenblumenöl
800 g Schweinebauch, mit Schwarte
½ TL Pfeffermischung Melange noir
2 EL Sojasauce
1 EL Honig
Salz

Karamellisierte Schwarzwurzeln
12 Stangen Schwarzwurzeln
400 ml Vollmilch
Salz, Pfeffer
2 EL Butter
2 EL Puderzucker
Salz, Pfeffer

Trüffelvinaigrette
1 eingelegter schwarzer Trüffel mit Fond
1 Schalotte
4 EL Olivenöl
2 EL Madeira
2 EL Portwein
2 EL Balsamico-Essig
3 EL Walnussöl
1 EL Schnittlauchröllchen
Salz, Pfeffer

50 g Frisée, geputzt und gewaschen
50 g Rucola, geputzt und gewaschen
Salz, Pfeffer
Shizo-Kresse

Marinierter Thunfisch mit Avocado-Mango-Tatar

und gebratenen Langustinos

Für 4 Personen

300 g Thunfisch in Sushi-Qualität

Limonenmarinade
2 EL Olivenöl
2 EL Limonensaft, frisch gepresst
abgeriebene Schale von
1 unbehandelten Limone
1 EL Sojasauce
Salz, Pfeffer
Chili aus der Gewürzmühle

Avocado-Mango-Tatar
1 Thai-Mango
1 Avocado
1 EL Sesamöl
1 EL Olivenöl
Saft und abgeriebene Schale
von 1 unbehandelten Limone
Salz, Pfeffer
Chili aus der Gewürzmühle
3 Korianderzweige

Langustinos
4 Langustinos
20 g Butterschmalz
Salz, Pfeffer
2 EL Semmelbrösel
1 EL weiche Butter
½ Chilischote, fein gewürfelt
2 Korianderzweige

1. Den Thunfisch von Sehnen und Häuten befreien, mit einem scharfen Messer (oder einer Aufschnittmaschine) in dünne Scheiben schneiden und die vorgekühlten Teller damit auslegen. Anschließend wieder kühl stellen.

2. Für die Marinade alle Zutaten miteinander verrühren, mit Salz, Pfeffer und Chili aus der Gewürzmühle abschmecken und die Marinade mit Hilfe eines Küchenpinsels über dem Thunfisch verteilen.

3. Die Mango und die Avocado schälen, das Fruchtfleisch vom Kern lösen und in 1 cm x 1 cm große Würfel schneiden. Diese mit Sesamöl, Olivenöl, Limonensaft und -schale vermengen, mit Salz, Pfeffer und Chili aus der Gewürzmühle würzen. Zum Schluss den Koriander fein hacken und zur Marinade geben.

4. Die Langustinoschwänze vom Kopf abdrehen und samt Schale längs halbieren. Den Darm entfernen, gut auswaschen und abtrocknen. Das Butterschmalz in einer Pfanne erhitzen, die Langostinos vorsichtig von beiden Seiten darin anbraten und mit Salz und Pfeffer würzen.

5. Die Semmelbrösel, die Butter, den Chili und den fein gehackten Koriander vermengen, auf die Schnittfläche der Langustinos streichen und unter dem Backofengrill goldgelb gratinieren.

6. Das Avocado-Mango-Tatar mit Hilfe kleiner Ringe auf dem Thunfischcarpaccio anrichten, die gratinierten Langustinos auf das Tatar geben.

Mosaik von Roten Beten und Kartoffel

mit gebratenem Zander und Maronenvinaigrette

Für 4 Personen

2 Rote Beten
300 g fest kochende Kartoffeln

Zander
4 Zanderfilets à 120 g
2 EL Olivenöl con limone
Salz, Pfeffer
1 halbierte Schalotte
2 angedrückte Knoblauchzehen
2 Thymianzweige
1 Rosmarinzweig
2 EL Butter

Maronenvinaigrette
100 g gegarte Maronen
2 EL Balsamico-Essig
2 EL Olivenöl
2 EL Walnussöl
1 TL Zucker
1 TL Ahornsirup
½ Chilischote
Saft von 1 Limette

3 Schnittlauchhalme

1. Die Roten Beten waschen, in Alufolie einwickeln und im Ofen bei 175 °C ca. 1 1/2 Stunden garen. Inzwischen die Kartoffeln waschen und als Pellkartoffeln garen. Die Kartoffeln pellen und die Roten Beten schälen. Beides abkühlen lassen, in dünne Scheiben schneiden und anschließend in Quadrate von ca. 4 cm x 4 cm schneiden. Vier Teller mosaikartig mit den Gemüsequadraten auslegen.

2. Die Zanderfilets waschen und trocken tupfen. In dem Olivenöl auf der Fleischseite zuerst ca. 1 Minute braten, dann wenden und auf die Hautseite legen. Mit Salz und Pfeffer würzen. Die Schalottenhälfte, Knoblauchzehen, Thymian und Rosmarin zugeben und die Filets weitere 4–6 Minuten braten. Die Butter hineingeben und die Zanderfilets damit glasieren.

3. Die Maronen schälen und in kleine Würfel schneiden. Alle sonstigen Zutaten miteinander vermischen und mit einem Schneebesen zu einer homogenen Masse schlagen. Zum Schluss die Maronen zugeben.

4. Den gebratenen Zander auf das Mosaik von Kartoffel und Roter Bete geben, mit der Maronenvinaigrette beträufeln, mit Schnittlauchhalmen garnieren und mit dem Salat anrichten. Nach Geschmack mit Salz und Pfeffer würzen.

Tomatencarpaccio mit Vanilledressing

und gebratenem Hummer

Für 4 Personen

Vanilledressing
Saft von 3 Limonen
abgeriebene Schale von
2 Limonen (unbehandelt)
2,5 EL Zucker
Mark von 1 Vanilleschote
5 EL Olivenöl
Salz, Pfeffer

Tomatencarpaccio
4 rote Tomaten
100 g Blattsalate, gemischt
(z.B. Frisée, Rucola, Feldsalat)

Hummer
½ Zwiebel
1 Karotte
¼ Knollensellerie
½ Stange Lauch
10 Pfefferkörner
1 EL Kümmel
Salz
2 Hummer, lebend
60 g Butter
2 Knoblauchzehen
1 Thymianzweig
grobes Meersalz
2 Grapefruits

Salz, grob gemahlener Pfeffer

1. Den Limonensaft und die -schale zusammen mit dem Zucker und dem ausgekratzten Vanillemark aufkochen, abkühlen lassen. Anschließend nach und nach das Olivenöl unterschlagen. Das Dressing mit Salz und Pfeffer abschmecken.

2. Die Tomaten waschen, den Stielansatz entfernen und das Fruchtfleisch in hauchdünne Scheiben schneiden. Die Salate waschen, trocken schleudern und in mundgerechte Stücke zupfen. Den Salat vor dem Servieren mit dem Vanilledressing marinieren.

3. Die Zwiebel, die Karotte und den Knollensellerie schälen, den Lauch waschen. Das Wasser mit dem Gemüse, Pfefferkörnern, Kümmel und Salz zum Kochen bringen. Die Hummer mit dem Kopf zuerst in den stark kochenden Fond geben, vom Feuer nehmen und dann ca. 20 Minuten ziehen lassen. Anschließend Hummerschwanz und -scheren auslösen.

4. Die Butter erhitzen. Den fein gewürfelten Knoblauch und Thymianzweig beigeben, mit grobem Meersalz würzen und ca. 10 Minuten ziehen lassen. Dann über die Hummerhälften verteilen und das Ganze im vorgeheizten Backofen bei 100 °C ca. 5–10 Minuten erwärmen.

5. Die Grapefruits schälen und die Filets mit einem Messer herausschneiden. Einen großen Teller mit den Tomatenscheiben und den Grapefruitfilets auslegen, mit Vanilledressing beträufeln, salzen und pfeffern und den Blattsalat darauf anrichten. Den gebratenen Hummer in die Mitte setzen, alles mit dem restlichen Vanilledressing beträufeln und mit Salz und grob gemahlenem Pfeffer würzen.

Suppen

Cappuccino von Linsen mit Schinken-Grissini
Schaumsuppe von Brunnenkresse
Schwarzwurzelschaumsuppe
Spargelbouillon mit Bärlauchquarknocken
Zitronengrasessenz mit Garnelen Wan-Tan

Cappuccino von Linsen mit Schinken-Grissini

Für 4 Personen

Cappuccino von Linsen
muss eine Stunde einweichen
200 g braune Linsen
2 Schalotten
2 Knoblauchzehen
1 Karotte
50 g Sellerie
50 g Butter
1 l Geflügelfond
100 ml Sahne
Salz, Pfeffer
1 EL Senf
3 EL alter Balsamico-Essig
50 g Butter
Salz, Pfeffer

Grissini
15 g Hefe
120 ml lauwarmes Wasser
1 TL Zucker
180 g Mehl
2 EL Olivenöl
Salz

4 Scheiben Vulcanoschinken

1. Die Linsen eine Stunde in Wasser einweichen. Schalotten, Knoblauch, Karotte und Sellerie schälen und fein würfeln. Die Butter in einem großen Topf zerlassen und die Gemüsewürfel darin anschwitzen. Die Linsen abschütten und zugeben. Den Fond angießen und die Suppe bei mittlerer Hitze 20–30 Minuten köcheln lassen. Anschließend durch ein großes Sieb in einen anderen Topf gießen. Die Hälfte der Linsen reservieren, die andere Hälfte zurück in die Suppe geben.

2. Die Sahne zugeben, weitere 4 Minuten köcheln lassen und mit Salz und Pfeffer kräftig würzen. Nun die Suppe mit dem Senf in einem Mixer pürieren und durch ein feines Sieb passieren.

3. Die reservierten Linsen mit dem alten Balsamico in einem separaten Topf einkochen, die Butter unterrühren und mit Salz und Pfeffer abschmecken.

4. Die Hefe in dem lauwarmen Wasser auflösen. Zucker, Mehl und Olivenöl zugeben und zum Schluss Salz zufügen. Alles miteinander zu einem glatten Teig verkneten. Diesen zugedeckt an einem warmen Ort zu doppelter Größe aufgehen lassen.

5. Den Teig auf einer bemehlten Arbeitsfläche ca. 5 mm dünn ausrollen, in dünne Streifen schneiden und diese auf einem mit Backpapier ausgelegten Backblech nochmals etwas gehen lassen. Anschließend im vorgeheizten Backofen bei 200 °C ca. 10 Minuten goldbraun und knusprig backen.

6. Die Linsen in Gläser füllen und mit der aufgeschäumten Linsensuppe vorsichtig auffüllen. Die Grissini mit dem Schinken umwickeln und mit der Suppe servieren.

Schaumsuppe von Brunnenkresse

mit Knoblauchroyale und Ricottazigarre

1. Den geschälten Knoblauch mit der Sahne aufkochen, 10 Minuten ziehen lassen, durch ein Sieb passieren, auf 400 ml einkochen und abkühlen lassen. Anschließend Ei und Eigelb untermixen, mit Salz und Muskat würzen und durch ein Sieb passieren. Die Masse in Gläser füllen und im Backofen bei 90 °C Umluft ca. 60 Minuten garen, bis die Royale stockt.

2. Die Brunnenkresse waschen und grob hacken. Die Butter in einem Topf zerlaufen lassen. Die jeweils fein gewürfelten Schalotten und Knoblauch beigeben und anschwitzen. Mit dem Geflügelfond und der Sahne auffüllen und um 1/3 einkochen lassen. Mit Salz, Pfeffer und Muskat würzen. Die Brunnenkresse zu der Suppe geben und mit dem Pürierstab gut durchmixen.

3. Den Ricotta mit den gehackten Kräutern, Tomatenmark und dem Eigelb vermischen, mit Salz, Pfeffer, Chili aus der Gewürzmühle und Zitronensaft abschmecken und in einen Spritzbeutel füllen.

4. Den Brikteig mit Eigelb bestreichen und die Ricottamasse in einer langen Bahn darauf dressieren. Nun zu einer Zigarre aufrollen und die Enden gut festdrücken. Die Zigarren in heißem Butterschmalz ausbacken und auf Küchenpapier abtropfen lassen.

5. Zum Schluss die Suppe durch ein Sieb passieren und mit Zitronensaft und geschlagener Sahne verfeinern. Die Suppe vorsichtig auf die Knoblauchroyale gießen und mit einer Ricottazigarre garnieren.

Für 4 Personen

Knoblauchroyale
200 g Knoblauch, geschält
700 ml Sahne
1 Ei
2 Eigelb
Salz
Muskat
1 Bund Brunnenkresse
30 g Butter
3 Schalotten
1 Knoblauchzehe
400 ml Geflügelfond
300 ml Sahne
Salz, Pfeffer
Muskat

Ricottazigarre
150 g Ricotta
1 EL Schnittlauch, gehackt
1 EL Kerbel, gehackt
1 EL glatte Petersilie, gehackt
1 TL Tomatenmark
1 Eigelb
Salz, Pfeffer
Chili aus der Gewürzmühle
Saft von ½ Zitrone
4 Blätter-Brikteig
1 Eigelb
Butterschmalz zum Ausbacken

etwas Zitronensaft
2 EL geschlagene Sahne

Schwarzwurzel-schaumsuppe

mit gebackener Ochsenschwanzpraline

Für 4 Personen
12 Stunden Vorbereitungszeit

Schwarzwurzelschaumsuppe
250 g Schwarzwurzeln
200 ml Milch
3 Schalotten
30 g Butter
Salz, Pfeffer
Chili aus der Gewürzmühle
70 ml weißer Portwein
150 ml Sahne
500 ml Geflügelfond
Saft von ½ Zitrone
1 EL Butter
2½ EL geschlagene Sahne

Gebackene Ochsenschwanzpraline
2 Ochsenschwänze
50 ml Öl
2 Karotten, geschält
¼ Sellerie, geschält
¼ Lauchstange
½ Zwiebel, geschält
1 EL Tomatenmark
300 ml Rotwein
300 ml roter Portwein
1 l Kalbsfond
4 Thymianzweige
2 Rosmarinzweige
2 Knoblauchzehen, halbiert
10 weiße Pfefferkörner
Salz, Pfeffer
3 EL Balsamico-Essig
100 g Mehl
2 Eier
150 g Weißbrot
Butterschmalz zum Ausbacken
4 Holzspieße
Salz, Pfeffer

1. Die Schwarzwurzeln waschen, schälen und in Milch legen, damit sie nicht braun werden. Die Schalotten schälen und in Streifen schneiden. Die Schwarzwurzeln aus der Milch nehmen und in Stücke schneiden. Die Butter in einem Topf erhitzen, die Schalotten und die Schwarzwurzeln darin anschwitzen und mit Salz, Pfeffer und Chili aus der Gewürzmühle würzen. Mit Portwein, Sahne und Geflügelfond angießen und köcheln lassen. Mit etwas Zitronensaft abschmecken. Wenn die Schwarzwurzeln weich sind, alles in einen Glasmixer geben und fein pürieren. Die Suppe durch ein Sieb zurück in den Topf gießen, kurz vor dem Servieren nochmals aufkochen, kalte Butter und geschlagene Sahne zugeben und die Suppe mit einem Stabmixer schaumig aufmixen.

2. Die Ochsenschwänze in Stücke schneiden. Das Öl in einem Bräter erhitzen, die Ochsenschwanzstücke anbraten und etwas rösten lassen. Das Gemüse grob schneiden, zum Ochsenschwanz geben und mitbraten. Das Tomatenmark zufügen, kurz mitrösten und alles mit dem Rotwein und dem Portwein ablöschen. Anschließend fast vollständig einkochen lassen. Den Ochsenschwanz mit dem Kalbsfond aufgießen und die Kräuter sowie den Knoblauch und die Pfefferkörner beigeben. Mit einem Deckel verschließen. Den Ochsenschwanz im vorgeheizten Backofen bei 170 °C ca. 5–6 Stunden schmoren.

3. Die weich geschmorten Ochsenschwanzstücke aus dem Backofen nehmen und das noch warme Fleisch von den Knochen lösen. Die Sauce durch ein Sieb gießen und auf 1/3 einkochen lassen. Das Fleisch wieder in die reduzierte Sauce geben und nochmals unter mehrmaligem Rühren etwas einkochen lassen. Dabei das Ragout mit Salz, Pfeffer und Balsamico-Essig abschmecken. Die Masse in eine Form mit ca. 2 cm hohem Rand verteilen und im Kühlschrank in ca. 6 Stunden erkalten lassen.

4. Den fest gewordenen Ochsenschwanz in Würfel schneiden und diese in Mehl, verquirltem Ei und dem frisch geriebenen Weißbrot panieren. Die Würfel in heißem Butterschmalz goldgelb ausbacken, auf Küchenpapier abtropfen lassen. Anschließend auf Holzspieße stecken und mit Salz und Pfeffer würzen. Die aufgeschäumte Suppe in Gläser füllen und mit der Ochsenschwanzpraline servieren.

Spargelbouillon mit Bärlauchquarknocken

Für 4 Personen

Spargelfond
300 g weißer Spargel (Bruchspargel)
2 Schalotten
2 Knoblauchzehen
30 g Butter
5 cl Portwein, weiß
200 ml Weißwein
500 ml Geflügelfond

Klärfleisch
200 g Poulardenfleisch, ohne Haut
100 g weißer Spargel (Bruchspargel)
2 Eiweiß
Salz, Pfeffer
Zucker

Bärlauchquarknocken
120 g Quark, abgetropft
1 Eigelb
10 g weiche Butter
20 g Mehl
8 Bärlauchblätter
Salz, Pfeffer
Muskat

3 Stangen weißer Spargel
3 Stangen grüner Spargel

1. Für den Spargelfond den Spargel schälen, die holzigen Enden abschneiden und die Stangen in Stücke schneiden. Die Schalotten und den Knoblauch schälen und fein würfeln. Die Butter in einem Topf erhitzen und die Schalotten, den Knoblauch und die Spargelstücke darin farblos anschwitzen. Mit Portwein ablöschen und mit dem Weißwein und dem Geflügelfond aufgießen, 20–25 Minuten kochen lassen, dann durch ein Sieb passieren und den Spargelfond erkalten lassen.

2. Das Poulardenfleisch und den Spargel fein hacken. Das Eiweiß in einer Schüssel leicht anschlagen und mit dem Fleisch und dem Spargel mischen.

3. Den kalten Spargelfond in einen Topf geben und die Fleisch-Spargel-Mischung unterrühren. Unter gelegentlichem vorsichtigem Rühren aufkochen und ca. 20 Minuten ziehen lassen. Anschließend die Bouillon vorsichtig durch ein Sieb passieren, leicht einkochen lassen und mit Salz, Pfeffer und Zucker abschmecken.

4. Quark mit Eigelb, Butter und Mehl verrühren. Den Bärlauch fein schneiden und vorsichtig unter den Quark mischen und mit Salz, Pfeffer und Muskat würzen. Mit 2 Teelöffeln Nocken formen und diese in siedendem Salzwasser ca. 10 Minuten ziehen lassen.

5. Für die Einlage den restlichen Spargel schälen und die holzigen Enden abschneiden. Dann längs auf einer Aufschnittmaschine in 0,5 cm breite Streifen schneiden und diese in einem Teil der Spargelbouillon bissfest garen.

6. Die Spargelbouillon in tiefe Teller geben, die Spargelstreifen und Bärlauchquarknocken als Einlage hineingeben.

Zitronengrasessenz mit Garnelen-Wan-Tan

Für 4 Personen

Zitronengrasessenz
250 g Poulardenkeule, ohne Knochen
1 Karotte
1 Lauchstange
1 Selleriestange
8 Stangen Zitronengras
Saft und abgeriebene Schale von 1 Limette (unbehandelt)
8 Korianderstiele
1 Chilischote
15 schwarze Pfefferkörner
2 Thymianzweige
3 Eiweiß
Salz
1½ l kalter Geflügelfond

Garnelen-Wan-Tan
8 Garnelen, küchenfertig
50 g Shiitake-Pilze
1 Schalotte
1 Knoblauchzehe
etwas frischer Koriander
1 TL Sesamöl
1 TL Pflanzenöl
1 EL Sojasauce
Salz, Pfeffer
Chili aus der Gewürzmühle
einige Wan-Tan-Blätter (8 cm x 8 cm)
1 Eigelb, verquirlt

8 Thai-Spargel, geputzt
60 g Möhren, in feine Streifen geschnitten
2 Lauchzwiebeln, in feine Ringe geschnitten
2 Korianderzweige für die Garnitur

1. Die Poulardenkeule waschen, trocken tupfen und mit dem Gemüse durch die grobe Scheibe des Fleischwolfs drehen. Das Zitronengras mit einem Plattierhammer zerklopfen. Das Poulardenfleisch und Gemüse mit Zitronengras, Limettensaft und -schale, Koriander, Chili, Pfefferkörnern, Thymian, Eiweiß und Salz mischen. Das Klärfleisch mit dem Geflügelfond in einem Topf unter vorsichtigem Rühren aufkochen und bei milder Hitze ca. 1 Stunde ziehen lassen. Dabei nicht mehr umrühren. Anschließend die Essenz passieren.

2. Die Garnelen in Würfel schneiden. Die Stiele der Shiitake-Pilze entfernen und die Pilze ebenfalls in Würfel schneiden. Die Schalotte, den Knoblauch und den Koriander fein schneiden.

3. Das Sesamöl und das Pflanzenöl zusammen in einer Pfanne erhitzen. Die Pilzwürfel darin anbraten, Schalotte, Knoblauch und Koriander mit anschwitzen, durchschwenken und zu den Garnelenwürfeln in eine Schüssel geben. Mit Sojasauce, Salz, Pfeffer und Chili abschmecken und gut verrühren.

4. Das Garnelenragout in die Mitte der Wan-Tan-Blätter geben, die Ränder mit Eigelb bestreichen und zusammenfalten. Die Garnelen-Wan-Tan in der Zitronengrasessenz gar ziehen lassen.

5. Den Thai-Spargel halbieren, die Möhren in feine Streifen und die Lauchziebeln in feine Ringe schneiden. Den Spargel mit den Möhren und den Lauchzwiebeln in die heiße Essenz geben und bissfest garen. In tiefen Tellern anrichten und mit Koriandergrün garnieren.

Fisch und Krustentiere

Gebratene Rotbarbe auf Bärlauchrisotto
Gebratener Hummer und Hummertortellini
Heilbutt im Brikteig auf Kürbisperlgraupen
Kross gebratener Loup de mer
Pochierter St. Pierre in Kokosmilch
Seeteufel unter der Basilikumkruste
Steinbutt unter der Kartoffelkruste

Gebratene Rotbarbe auf Bärlauchrisotto

und Parmesanschaum

1. Die Filets waschen, auf einem Küchentuch abtropfen und salzen und pfeffern. Dann in einer beschichteten Pfanne in dem heißen Olivenöl kross von beiden Seiten anbraten. Thymian, Rosmarin, die halbierten Schalotten und Knoblauchzehen zugeben, fertig braten, nach ca. 3–5 Minuten herausnehmen und warm stellen.

2. Für das Bärlauchrisotto das Olivenöl erhitzen. Schalotte und Knoblauch zugeben und kurz glasieren. Reis zufügen, kurz mit andünsten, mit Weißwein ablöschen und unter Rühren den Wein fast völlig vom Reis aufnehmen lassen. Ein Drittel des Geflügelfonds angießen und unter Rühren ebenso fast völlig vom Reis aufnehmen lassen. Den Vorgang zweimal wiederholen, bis der Fond verbraucht ist (dies dauert ca. 18–20 Minuten). Das Risotto salzen und pfeffern. Bärlauch, Tomaten, Lauchzwiebeln und Pinienkerne unterheben, kurz mitgaren und zum Schluss Butter und Parmesan unterrühren. Nochmals mit Salz, Pfeffer und Chili aus der Gewürzmühle abschmecken.

3. Für den Parmesanschaum Olivenöl erhitzen und Schalottenwürfel darin anschwitzen. Mit weißem Balsamico ablöschen und mit Fischfond auffüllen, 3–5 Minuten einkochen lassen und anschließend Sahne zugeben. Etwas reduzieren lassen, mit kalter Butter und Parmesan aufmixen und mit Salz und Pfeffer abschmecken.

4. Für die Parmesanchips auf einer Backmatte 4 gleich große Streifen Parmesan von etwa 8 cm Länge und 3 cm Breite aufstreuen, bei 180 °C Unter- und Oberhitze im vorgewärmten Backofen ca. eine Minute backen. Anschließend auskühlen lassen.

5. Die Kirschtomaten auf ein mit Olivenöl bepinseltes Backblech legen und mit Salz, Pfeffer und etwas Puderzucker würzen. Den Thymian, Rosmarin und Knoblauch gleichmäßig auf den Tomaten verteilen und alles nochmals mit Olivenöl beträufeln. Im vorgeheizten Backofen bei 80 °C ca. 4–5 Stunden trocknen.

6. Das Bärlauchrisotto auf einem Teller anrichten, den Fisch darauflegen und mit dem Parmesanschaum beträufeln. Mit den Parmesanchips und den karamellisierten Tomaten garnieren.

Für 4 Personen

4 Rotbarbenfilets à ca. 150 g, ohne Gräten
Salz, Pfeffer
30 ml Olivenöl
2 Thymianzweige, 2 Rosmarinzweige
2 Schalotten, 2 Knoblauchzehen

Bärlauchrisotto
30 ml Olivenöl
1 Schalotte, fein gewürfelt
1 Knoblauchzehe, fein gewürfelt
150 g Risottoreis
150 ml Weißwein
500 ml warmer Geflügelfond
Salz, Pfeffer
60 g Bärlauch, fein geschnitten
30 g getrocknete Tomaten, fein gewürfelt
2 Lauchzwiebeln, in feine Ringe geschnitten
40 g Pinienkerne, geröstet
30 g kalte Butter
30 g Parmesan, frisch gerieben
Chili aus der Gewürzmühle

Parmesanschaum
1 EL Olivenöl
1 EL Schalottenwürfel
50 ml weißer Balsamico
300 ml Fischfond
200 ml Sahne, 30 g kalte Butter
50 g Parmesan, gerieben
Salz, Pfeffer aus der Mühle

Parmesanchips
30 g Parmesan, gerieben

Karamellisierte Tomaten
20 Kirschtomaten
2 EL Olivenöl
Salz, Pfeffer
Puderzucker
2 Thymianzweige, 1 Rosmarinzweig
2 Knoblauchzehen, angedrückt
2 EL Olivenöl

Gebratener Hummer und Hummertortellini

auf Erbsenpüree und Krustentierschaum

Für 4 Personen

3 Hummer à 500 g, gekocht

Nudelteig
1 Ei, 2 Eigelb
250 g Mehl, 50 g Grieß
1 EL Olivenöl, Salz

Füllung
20 g Schalotten
30 g Karotten, 30 g Sellerie
20 ml Olivenöl
Salz, Pfeffer
100 g weißer Edelfisch (Zander, Heilbutt), gut gekühlt
100 ml Sahne
Chili aus der Gewürzmühle
1 Eigelb, verquirlt

Krustentierschaum
Hummerkarkassen
2 EL Pflanzenöl
½ Bund Suppengrün, gewürfelt
1 Zwiebel, gewürfelt
1 EL Tomatenmark
2 Majoranzweige, 2 Thymianzweige
2 cl Sherry, 2 cl Cognac, 2 cl Portwein
250 ml Fischfond
Salz, Pfeffer, Muskat
Chili aus der Gewürzmühle
250 ml Sahne
2½ EL geschlagene Sahne

Erbsenpüree
200 g frische Erbsen
2 Schalotten, fein gewürfelt
60 g Butter, 50 ml Sahne
Salz, Pfeffer, Muskat
Chili aus der Gewürzmühle
4 Blätter Minze, fein gehackt
40 g Butter
1 Thymianzweig, 1 Rosmarinzweig
2 Knoblauchzehen
Salz, Pfeffer

1. Die gekochten Hummer auskühlen, Scheren und Schwänze abtrennen. Die Hummerschwänze längs halbieren, Darm heraustrennen und gut auswaschen. Die Scheren aufbrechen und das Fleisch vorsichtig lösen. Das Fleisch der Scheren und des Schwanzes des dritten Hummers in feine Würfel schneiden. Für den Nudelteig Ei mit Eigelb, Mehl, Grieß, Öl und etwas Salz zu einem glatten, geschmeidigen Teig kneten. Diesen in Folie wickeln und für ca. 1 Stunde kühl stellen.

2. Schalotten, Karotten und Sellerie fein würfeln, kurz in Olivenöl anschwitzen und salzen und pfeffern. Fisch in der Moulinette mit Sahne und Salz zu einer Farce verarbeiten, mit den Gemüse- und Hummerwürfeln mischen. Mit Salz, Pfeffer und Chili würzen. Nudelteig dünn ausrollen, in gleichmäßige Quadrate schneiden. Jeweils in die Mitte etwas Hummerfüllung geben und den Rand mit Eigelb bestreichen. Über Eck den Teig zusammenlegen, Rand gut festdrücken, zu Tortellini formen und im Salzwasser kochen.

3. Für den Krustentierschaum Karkassen auswaschen, im Ofen bei 180 °C 10 Minuten trocknen, etwas zerstoßen und im heißen Öl kräftig anbraten. Suppengrün und Zwiebel mitrösten. Tomatenmark und Kräuter zugeben und mit dem Alkohol ablöschen. Fischfond und Sahne zugeben und 30 Minuten kochen. Durch ein Sieb gießen und mit Salz, Pfeffer, Muskat und Chili würzen. Kurz vor dem Servieren schaumig aufmixen und die geschlagene Sahne leicht unterziehen.

4. Für das Püree Erbsen in Salzwasser ca. 5 Minuten garen, abschrecken und 2 Esslöffel davon reservieren. Schalotten in Butter anbraten, bis die Butter leicht nussig schmeckt. Erbsen, Schalotten, Butter und Sahne fein pürieren, mit Salz, Pfeffer, Muskat und Chili aus der Gewürzmühle würzen. Das Erbsenpüree passieren. Vor dem Servieren mit der Minze vermischen.

5. Die ausgebrochenen Hummer mit Butter, Thymian, Rosmarin und Knoblauch 2–4 Minuten braten, salzen und pfeffern. Hummer und Hummertortellini auf dem Erbsenpüree anrichten, mit dem Krustentierschaum angießen, Erbsen und Zuckerschoten anlegen.

Heilbutt im Brikteig auf Kürbisperlgraupen

und grünem Curryschaum

Für 4 Personen

600 g Heilbuttfilet, ohne Haut und Gräten
2 EL Butterschmalz
Salz, Pfeffer
3 EL gehackte Kräuter (z.B. Thymian, Rosmarin, Kerbel, Blattpetersilie)
4 Blätter-Brikteig
1 Eigelb zum Bestreichen

Kürbisperlgraupen
250 g Hokkaido-Kürbis
10 unbehandelte saftige Orangen
80 g Graupen
2 EL Olivenöl
200 ml Fischfond
Salz, Pfeffer
2½ EL Crème double

Grüner Curryschaum
2 Schalotten
20 g Butter
2 TL grüne Currypaste
3 EL Weißwein
200 ml Geflügelfond
200 ml Crème double
1 EL glatte Petersilie
1 EL Koriander
1 EL Schnittlauch
Salz, Pfeffer
50 g Butter
2 EL geschlagene Sahne

1. Das Filet in 4 gleich große Streifen schneiden. Butterschmalz erhitzen, die Filets darin von allen Seiten kurz anbraten und mit Salz und Pfeffer würzen. Die Filets aus der Pfanne nehmen und auskühlen lassen. Die angebratenen Streifen mit den Kräutern bestreuen, in je ein Brikteigblatt einrollen und mit Eigelb bestreichen. Auf ein geöltes Gitterrost legen und bei 200 °C Ober- und Unterhitze ca. 6–10 Minuten im Backofen backen.

2. Für die Kürbisperlgraupen Kürbis entkernen und samt Schale in kleine Würfel schneiden. Die Schale einer Orange abschälen und in feine Streifen schneiden, alle Orangen auspressen. Die Graupen in heißem Olivenöl anschwitzen, mit Orangensaft und Fischfond ablöschen und etwa 20 Minuten unter gelegentlichem Rühren bei schwacher Hitze köcheln lassen. Dann die Orangenschalenstreifen und die Kürbiswürfel zugeben und weitere 10 Minuten garen. Die Kürbisperlgraupen mit Salz und Pfeffer abschmecken und mit der Crème double verfeinern.

3. Für den Curryschaum geschälte Schalotten in kleine Würfel schneiden und in der Butter goldgelb anrösten. Die grüne Currypaste beigeben und kurz mitrösten. Mit dem Weißwein und dem Geflügelfond ablöschen, Crème double zugeben und 2–3 Minuten bei geringer Hitze kochen lassen.

4. Den Sud mit den fein gehackten Kräutern in einen Mixer geben und kurz aufmixen. Anschließend durch ein feines Sieb in einen Topf passieren, mit Salz und Pfeffer würzen und zum Schluss Butter und geschlagene Sahne untermixen.

5. Die Kürbisperlgraupen auf einen Teller geben, Heilbuttstreifen darauf verteilen und mit dem grünen Curryschaum servieren.

Kross gebratener Loup de mer

auf weißem Bohnenpüree und Orangen-Thymian-Nage

Für 4 Personen
muss über Nacht einweichen

Loup de mer
30 g Butterschmalz
4 Filets vom Loup de mer, à ca. 150 g
1 Thymianzweig
1 Rosmarinzweig
½ Knoblauchknolle
Salz, Pfeffer

Weißes Bohnenpüree
300 g weiße Bohnenkerne
2 Thymianzweige
1 Knoblauchzehe
60 ml Olivenöl
Salz, Pfeffer
2 EL geschlagene Sahne
60 g Butter
10 Salbeiblätter, in feine Streifen geschnitten
60 ml Fischfond
Salz, Pfeffer

Orangen-Thymian-Nage
300 ml Orangensaft
80 g Butter
2 EL Thymianblättchen
Salz, Pfeffer
Chili aus der Gewürzmühle

Speckchips
4 Scheiben Bauchspeck, hauchdünn geschnitten

1. Das Butterschmalz in einer Pfanne erhitzen, den Fisch kurz auf der Fleischseite anbraten, auf die Hautseite drehen und die Haut kross anbraten. Die Kräuter und den Knoblauch zugeben und den Fisch bei milder Hitze ca. 6–8 Minuten gar ziehen lassen, so dass er noch leicht glasig ist. Mit Salz und Pfeffer würzen.

2. Die Bohnen über Nacht einweichen, abgießen und in reichlich Wasser zusammen mit den Thymianzweigen und der angedrückten Knoblauchzehe weich kochen. Anschließend abseihen, von dem Bohnenfond 150 ml aufbewahren. 2/3 der Bohnen mit dem Olivenöl und dem Bohnenfond im Mixer pürieren. Das fertige Püree mit Salz und Pfeffer kräftig würzen, mit geschlagener Sahne verfeinern und warm halten.

3. Die Butter schmelzen. Salbei zugeben, mit Fischfond ablöschen, die restlichen Bohnen darin anschwenken und mit Salz und Pfeffer würzen.

4. Für die Orangen-Thymian-Nage Orangensaft um die Hälfte einkochen lassen. Dann die Butter und die gezupften Thymianblättchen unterrühren und mit Salz, Pfeffer und Chili aus der Gewürzmühle leicht würzen.

5. Die Bauchspeckscheiben auf ein mit Backpapier ausgelegtes Backblech legen, mit einer zweiten Lage Backpapier bedecken und ein zweites Backblech zum Beschweren daraufsetzen. Bei 160 °C im vorgeheizten Backofen 6–8 Minuten knusprig backen. Anschließend etwas auskühlen lassen und auf Küchenpapier abtropfen lassen.

6. Den gebratenen Loup de mer auf dem Bohnenpüree anrichten, mit Orangen-Thymian-Nage umgießen und mit den Speckchips servieren.

Pochierter St. Pierre in Kokosmilch

auf asiatischen Nudeln

Für 4 Personen

St. Pierre
50 g Ingwer
2 Schalotten
2 kleine rote Chilischoten
2 Stangen Zitronengras
2 EL Sesamöl
300 ml Kokosmilch, ungesüßt
Schale von 1 Limone
Salz, Pfeffer
Zucker

4 Filets vom St. Pierre, ohne Haut und ohne Gräten, à 160 g
3 EL geschlagene Sahne
Butter

Asiatische Nudeln
100 g Glasnudeln
2 EL Sesamöl
2 TL Fischsauce
1 EL Oystersauce
Salz, Pfeffer

Koriander für die Garnitur

1. Den Ingwer und die Schalotten in Scheiben schneiden. Die Chilischote der Länge nach halbieren. Das Zitronengras mit einer schweren Pfanne zerstampfen. Alles zusammen in dem Sesamöl anschwitzen. Die Kokosmilch zugießen, Limonenschale beigeben und den Sud mit Salz, Pfeffer und Zucker würzen. Auf ca. 70 °C erhitzen.

2. Die Fischfilets waschen und trocken tupfen. Diese in den heißen, aber nicht kochenden Kokossud legen und darin 10–12 Minuten pochieren.

3. Anschließend den Kokossud durch ein Sieb in einen kleinen Topf gießen, die geschlagene Sahne und die Butter mit einem Pürierstab untermixen.

4. Die Glasnudeln mit kochendem Wasser überbrühen und 3 Minuten einweichen lassen. Dann abschütten und mit dem Sesamöl, Fischsauce und Oystersauce marinieren. Mit Salz und Pfeffer würzen.

5. Den Fisch und die Nudeln anrichten, mit der aufgeschäumten Kokossauce servieren und mit Koriander garnieren.

Seeteufel unter der Basilikumkruste

auf Artischocken und Ratatouillesauce

Für 4 Personen

Seeteufel
1 Seeteufelfilet, ca. 800 g
40 ml Olivenöl
1 Rosmarinzweig, 4 Thymianzweige
2 halbierte Schalotten
3 Knoblauchzehen
Salz, Pfeffer

Basilikumkruste
2 Bund Basilikum
1 Knoblauchzehe
3½ EL Olivenöl
80 g weiche Butter
1 Eigelb
Salz, Pfeffer
80 g Toastbrot

Artischocken
3 große Artischocken
Saft von 1 Zitrone
2 Schalotten, 2 Knoblauchzehen
4 EL Olivenöl, 2 rote Zwiebeln
Salz, Pfeffer
Chili aus der Gewürzmühle
1 EL Honig
30 ml Balsamico bianco
50 ml Geflügelfond

Ratatouillesauce
4 EL Olivenöl
3 Knoblauchzehen
3 Zwiebeln
je 1 rote und gelbe Paprikaschote
1 Aubergine, 2 Zucchini
200 ml Tomatensaft
200 ml Fischfond
4 Tomaten
Salz, Pfeffer
Chili aus der Gewürzmühle
2 EL gehackte Kräuter (Petersilie, Basilikum, Thymian)

Basilikumblätter für die Garnitur

1. Den Seeteufel von Haut und Sehnen befreien. Das Olivenöl in einer großen Pfanne erhitzen und das Seeteufelfilet von allen Seiten darin anbraten. Die Aromaten beigeben und alles auf ein mit Alufolie belegtes Backblech legen. Im vorgeheizten Backofen bei 150 °C ca. 15–20 Minuten garen und mit Salz und Pfeffer würzen.

2. Die Basilikumblätter abzupfen, grob hacken und mit der geschälten Knoblauchzehe und dem Olivenöl in einem Mixer fein pürieren. Die Butter mit dem Eigelb schaumig schlagen, mit der Basilikummasse vermischen und mit Salz und Pfeffer würzen. Zum Schluss die fein geriebenen Weißbrotbrösel zugeben, die Masse in einen Gefrierbeutel füllen, ca. 3 mm dick ausrollen und kalt stellen.

3. Die Artischocken putzen, das Heu entfernen. Die Böden in dünne Spalten schneiden und mit Zitronensaft beträufeln. Die Schalotten und den Knoblauch schälen, fein würfeln und in dem Olivenöl anschwitzen. Die Artischockenspalten zufügen und bei mittlerer Hitze bissfest garen. Die fein geschnittenen Zwiebelstreifen zugeben und weitere 2 Minuten mitbraten. Mit Salz, Pfeffer und Chili würzen. Den Honig unterrühren, mit dem Essig und dem Geflügelfond ablöschen und vom Herd nehmen.

4. Für die Ratatouillesauce Olivenöl in einer Pfanne erhitzen, die Knoblauchzehen und Zwiebel schälen, fein würfeln und darin anbraten. Die Paprikaschoten halbieren, das Kerngehäuse entfernen, waschen, schälen, fein würfeln und in die Pfanne geben. Die Aubergine und die Zucchini putzen, die Schale 0,5 cm dick abschneiden, klein würfeln und beigeben. Alles gut durchrösten. Die Tomaten häuten, entkernen und in feine Würfel schneiden. Das Gemüse mit Tomatensaft und Fischfond auffüllen und zum Schluss die Tomatenwürfel zugeben. Das Gemüse gut einkochen lassen. Mit Salz, Pfeffer und Chili abschmecken, mit den gehackten Kräutern vollenden.

5. Den Seeteufel mit der Kruste belegen und unter dem vorgeheizten Backofengrill 3–4 Minuten gratinieren. Anschließend das Filet in Tranchen schneiden, auf dem Artischockengemüse anrichten, mit der Ratatouillesauce vollenden und mit Basilikum garnieren.

Steinbutt unter der Kartoffelkruste

auf jungem Spinat, roter Zwiebelmarmelade und Rotweinbutter

Für 4 Personen

4 Steinbuttfilets ohne Haut, à 150 g
Salz, Pfeffer
2 große rohe Kartoffeln
1 Eigelb
4 EL Olivenöl
2 Thymianzweige
1 Rosmarinzweig
3 ungeschälte Knoblauchzehen, leicht angedrückt
Salz, Pfeffer

Junger Spinat
1 EL Butter
2 Schalotten
1 Knoblauchzehe
200 g junger Spinat
Salz, Pfeffer
Muskat

Rote Zwiebelmarmelade
3 rote Zwiebeln
4 EL Rotwein
3 EL Portwein, rot
4 EL Balsamico-Essig
2 Thymianzweige
1 Lorbeerblatt
3 Pfefferkörner, weiß
1 EL eiskalte Butter
Salz, Pfeffer
Zucker

Rotweinbutter
20 g Zucker
2 rote Zwiebel, in Streifen geschnitten
250 ml Rotwein
250 ml roter Portwein
1 Thymianzweig
4 cl Marsala
100 g kalte Butterwürfel

1. Die Steinbuttfilets waschen, trockentupfen und mit Salz und Pfeffer würzen. Die Kartoffeln schälen, waschen und grob raspeln. Jeweils eine Seite der Fischfilets mit Eigelb bestreichen, die Kartoffelraspel darauf verteilen und gut andrücken. Das Olivenöl in einer beschichteten Pfanne erhitzen. Die Fischfilets mit der Kartoffelseite nach unten vorsichtig hineinlegen und bei mittlerer Hitze so lange braten, bis die Kartoffeln goldbraun sind. Dann die Filets vorsichtig wenden und Thymian, Rosmarin und Knoblauchzehen in die Pfanne geben. Die Fischfilets nochmals ca. 3 Minuten braten, dann mit Salz und Pfeffer würzen.

2. Für den Spinat Butter erhitzen und die feinen Schalottenwürfel und den fein gehackten Knoblauch darin anschwitzen. Den geputzten und gewaschenen Spinat dazugeben und kurz darin zusammenfallen lassen. Mit Salz, Pfeffer und Muskat würzen.

3. Für die Zwiebelmarmelade Zwiebeln schälen, halbieren und in eine Pfanne legen. Diese mit Alufolie luftdicht verschließen und die Zwiebeln ca. 1 Stunde bei 160 °C im Ofen weich schmoren. Die gegarten Zwiebeln fein hacken und mit Rotwein, Portwein und Balsamico-Essig sowie den Kräutern und Gewürzen sirupartig einkochen. Die Kräuter entfernen und die kalte Butter einrühren. Mit Salz, Pfeffer und Zucker abschmecken.

4. Für die Rotweinbutter Zucker in einem Topf hellbraun karamellisieren, die roten Zwiebelstreifen zugeben und kurz mitrösten lassen. Mit dem Rotwein ablöschen und auf die Hälfte einkochen lassen. Den Portwein, den Thymian und den Marsala zugeben, alles auf ca. 100 ml reduzieren lassen und durch ein feines Sieb passieren. Zum Schluss die Butterwürfel nach und nach unter ständigem Rühren zugeben.

5. Den Steinbutt mit dem Spinat und der Zwiebelmarmelade anrichten, die Rotweinbutter um den Spinat verteilen und servieren.

Fleisch

Gebackene Maispoularde

im Kürbiskern-Wasabi-Mantel mit Kürbis-Safrankraut-Cannelloni

1. Maispoulardenbrüste salzen und pfeffern. Die Eier verquirlen und die geschlagene Sahne unterheben. Die Kürbiskerne mahlen und mit den Semmelbröseln mischen. Die Maispoulardenbrüste zuerst in Mehl wenden, durch die Ei-Sahne-Mischung ziehen und zum Schluss in der Kürbiskern-Semmelbrösel-Mischung panieren. In heißem Butterschmalz goldgelb ausbacken, auf Küchenpapier abtropfen und im 150 °C heißen Backofen nochmals 5–10 Minuten nachgaren.

2. Für das Safrankraut die äußersten Blätter vom Kohl entfernen, Kohl vierteln, Strunk entfernen und fein raspeln. Das Butterschmalz in einem Topf erhitzen. Schalotten darin anschwitzen, den Weißkohl zugeben, mit dem Weißwein ablöschen und mit dem Gemüsefond aufgießen. Die Safranfäden und das Gewürzsäckchen zugeben und bei geschlossenem Deckel weich schmoren. Anschließend das Gewürzsäckchen entfernen. Die Kartoffel waschen, schälen, fein reiben, unter das gekochte Kraut mischen und es damit binden. Nochmals aufkochen und mit Salz und Pfeffer würzen.

3. Für die Cannelloni den Kürbis schälen und auf der Aufschnittmaschine in dünne Scheiben schneiden. Diese kurz in kochendem Salzwasser blanchieren, in Eiswasser abschrecken. Mit Hilfe eines Ringes von 6 cm Durchmesser vorsichtig Kreise aus den Kürbisscheiben ausstechen. Die Kürbiskreise mit dem Safrankraut belegen, vorsichtig zu Cannelloni rollen, diese in eine gebutterte Auflaufform setzen und im vorgeheizten Backofen bei 140 °C ca. 5–10 Minuten erhitzen.

4. Butter in einem Topf erhitzen, die je gewürfelten Schalotten und Knoblauch darin glasig anschwitzen, mit Weißwein ablöschen, mit Geflügelfond und Sahne aufgießen. Die Pfefferkörner und den Estragon zugeben und alles auf die Hälfte reduzieren und durch ein Sieb in einen zweiten Topf passieren. Mit Salz, Pfeffer und Chili aus der Gewürzmühle würzen, mit dem Wermut abschmecken. Die geschlagene Sahne und gehackten Estragon zugeben und schaumig aufmixen.

5. Die Kürbis-Safrankraut-Cannelloni auf Teller verteilen, die Maispoulardenbrüste in Tranchen scheiden, dazu anrichten und mit dem Estragonschaum beträufeln.

Für 4 Personen

Gebackene Maispoularde im Kürbiskern-Wasabi-Mantel
4 Maispoulardenbrüste, ohne Haut
Salz, Pfeffer
2 Eier
1 EL geschlagene Sahne
100 g Kürbiskerne im Wasabimantel
50 g Semmelbrösel
120 g Mehl
250 g Butterschmalz zum Ausbacken

Safrankraut
400 g Weißkraut
30 g Butterschmalz
2 Schalotten, fein gewürfelt
100 ml Weißwein
100 ml Gemüsefond
15 Safranfäden
Gewürzsäckchen:
2 Pimentkörner
8 weiße Pfefferkörner
2 Wacholderbeeren
1 Nelke
1 Lorbeerblatt, 1 Thymianzweig
1 kleine Kartoffel
Salz, Pfeffer

Kürbis-Safrankraut-Cannelloni
200 g Kürbis (Muskatkürbis)
Salz

Estragonschaum
2 EL Butter
1 Schalotte, gewürfelt
1 Knoblauchzehe, gewürfelt
30 ml Weißwein
300 ml Geflügelfond
150 ml Sahne
5 weiße Pfefferkörner
2 Estragonzweige
Salz, Pfeffer
Chili aus der Gewürzmühle
4 cl Wermut
3 EL geschlagene Sahne
1 EL Estragon, gehackt

Lammkarree unter der Kräuterkruste

auf Keniabohnen und Olivenpüree

Für 4 Personen

Lammkaree
2 Lammkaree, geputzt, ca. 600 g
Salz, Pfeffer
20 g Butterschmalz
2 Rosmarinzweige, 2 Thymianzweige
2 Knoblauchzehen, angedrückt

Kräuterkruste
100 g Butter, zimmerwarm
120 g Weißbrot
30 g Schalotten, 2 Knoblauchzehen
1 EL Petersilie, 1 EL Thymian
1 EL Schnittlauch

Keniabohnen
300 g Keniabohnen
2 Schalotten, fein gewürfelt
40 ml Olivenöl
40 ml Lammfond
Salz, Pfeffer
10 ml Balsamico bianco

Olivenpüree
500 g mehlig kochende Kartoffeln
150 ml Olivenöl, Saft und abgeriebene Schale von 1 unbehandelten Limone
Salz, Pfeffer

Madeirasauce
5 EL Öl
1 kg Lamm (Parüren und Knochen)
50 g Schalottenwürfel
50 g Karottenwürfel
50 g Selleriewürfel, 50 g Lauchwürfel
2 EL Tomatenmark
750 ml Rotwein
1 kleiner Thymianzweig
1 kleiner Rosmarinzweig
5 Pfefferkörner, 1 Lorbeerblatt
1 l Lammfond, 50 g Butter
100 feine Schalottenscheiben
250 ml Madeira
etwas Speisestärke, in kaltem Wasser angerührt, 40 g Butter

1. Das Fleisch salzen und pfeffern und in dem heißen Butterschmalz mit Rosmarin, Thymian und Knoblauch beidseitig kurz anbraten. Alles auf ein mit Alufolie ausgelegtes Backblech geben und im Ofen mit Ober- und Unterhitze bei 140 °C 12–18 Minuten garen.

2. Für die Kräuterkruste Butter schaumig schlagen. Weißbrot entrinden, fein reiben und mit jeweils gehackten Schalotten, Knoblauch und Kräutern mischen. Alles glatt rühren, in einen Gefrierbeutel geben, gleichmäßig flachdrücken und für 1 Stunde kühl stellen. Die Kruste im Gefrierbeutel in Streifen schneiden, etwa so breit wie das Lammkaree. Folie entfernen, Kräuterkruste auf das Lammkaree legen und goldbraun überbacken. Lammkarees ruhen lassen, in einzelne Koteletts teilen.

3. Keniabohnen putzen, in kochendem Salzwasser bissfest blanchieren und in Eiswasser abschrecken. Schalotten in heißem Olivenöl glasig anbraten, die Bohnen zugeben, mit Lammfond ablöschen, salzen und pfeffern und mit Balsamico-Essig verfeinern.

4. Für das Olivenpüree geschälte Kartoffeln in Stücke schneiden und als Salzkartoffeln garen. Abgießen und ausdämpfen lassen. Die Kartoffeln zweimal durch eine Presse drücken, mit Olivenöl, Limonensaft, -schale, Salz und Pfeffer abschmecken und warm stellen.

5. Für die Sauce Öl in einem Bräter erhitzen, Knochen und Parüren kräftig anrösten. Schalotten-, Sellerie-, Karotten- und Lauchwürfel dazugeben und kurz mitrösten. Tomatenmark etwas mitrösten und mit etwas Rotwein ablöschen. Wiederum einkochen, rösten und ablöschen, bis der Wein aufgebraucht ist. Thymian, Rosmarin, Pfefferkörner und Lorbeer zugeben, gut mischen und mit dem Lammfond auffüllen. Sauce ca. 2–3 Stunden köcheln lassen. Zwischendurch immer wieder abschöpfen, dann passieren und die Sauce auf ein Drittel einkochen. Butter in einem Topf erhitzen, Schalotten glasig dünsten, mit dem Madeira und der Lammsauce auffüllen und einreduzieren. Falls nötig, mit etwas Speisestärke abbinden und zum Schluss die kalte Butter einrühren.

6. Die Lammkoteletts auf den Bohnen anrichten, mit dem Olivenpüree und der Madeirasauce servieren.

Pochiertes Kalbsfilet im Kräutermantel

auf Vanille-Fingermöhren mit Knödeln

1. Ca. 2 cm Wasser in den Vitalis (Dampfgarer) füllen, aufkochen und das Garblech darübersetzen. Das Kalbsfilet rundherum mit Pfeffer würzen und mit einigen Kräuterzweigen belegen. Anschließend zuerst in Frischhaltefolie, dann in Alufolie wickeln und auf das Garblech legen. Zugedeckt bei 75–80 °C (Thermometer gelegentlich überprüfen) etwa 15–20 Minuten dämpfen. Anschließend das Fleisch ca. 5 Minuten ruhen lassen. In der Zwischenzeit Kräuter von den Stielen zupfen und fein hacken. Das Kalbsfilet auspacken, rundherum dünn mit Senf einstreichen und in den gehackten Kräutern wälzen. Anschließend in Tranchen schneiden und mit Salz würzen.

2. Möhren waschen und schälen. Zucker in einer Pfanne hellbraun karamellisieren, die Butter und die fein gewürfelten Schalotten zugeben und leicht anschwitzen. Vanillemark und -schote sowie die Möhren zugeben, mit Salz und Pfeffer würzen und mit Geflügelfond ablöschen. Die Möhren in dem Vanillesud weich kochen, sie sollten noch leicht Biss haben. Zum Schluss die Vanilleschote entfernen.

3. Für die Kartoffelknödel geschälte Kartoffeln grob würfeln und in einem Dampftopf weich garen. Im Backofen bei 200 °C ca. 10 Minuten ausdämpfen lassen. Die Kartoffeln zweimal durch die Kartoffelpresse drücken. Mit einem Kochlöffel das Eigelb in die Masse einarbeiten. Nach und nach Kartoffelstärke unterarbeiten, bis sie vollkommen aufgenommen ist. Butter unter den Teig kneten, mit Salz und Muskat würzen und den Teig abgedeckt für 1 Stunde kühl stellen.

4. In einem großen Topf leicht gesalzenes Wasser zum Kochen bringen. Mit Hilfe eines Eisportionierers aus dem Teig Knödel formen und in siedendem Wasser garen. Sobald sie an der Oberfläche schwimmen, sind sie fertig. Butter in einer Pfanne schmelzen und Semmelbrösel zugeben, bis die Butter aufgesaugt ist. Die Knödel aus dem Wasser nehmen und in der Schmelze wenden. Salzen und pfeffern.

5. Die Möhren in einer Reihe auf dem Teller anrichten, das Filet in die Mitte geben und mit den Knödeln servieren.

Für 4 Personen

Pochiertes Kalbsfilet
800 g Kalbsfilet, ohne Haut und Sehnen
Pfeffer
3 Thymianzweige
3 Petersilienzweige
3 Kerbelzweige
150 g gemischte Kräuter (z.B. Petersilie, Estragon, Kerbel, Thymian, Salbei, Sauerampfer, Bärlauch etc.)
Johann Lafers Bio-Senf, fein-würzig
Salz

Vanille-Fingermöhren
16 Fingermöhren
2 EL Zucker
1 EL Butter
2 Schalotten
Mark von
1 Vanilleschote de Tahiti
Salz, Pfeffer
150 ml Geflügelfond

Kartoffelknödel
300 g Kartoffeln, mehlig kochend
2 Eigelb
50 g Kartoffelstärke
25 g weiche Butter
1 Prise Salz
Muskat

100 g Butter
50 g Semmelbrösel
Salz, Pfeffer

Rehrücken im Brotmantel

auf Limonen-Sellerie-Püree, Rahmwirsing und Selleriechips

Für 4 Personen

Rehrücken
200 g Rehkeule, ausgelöst, klein gewürfelt
100 ml Sahne, eiskalt, Salz, Pfeffer
1 Kastenweißbrot, ohne Rinde
400 g Rehrückenfilet, in 4 gleiche Teile geschnitten
60 g Butterschmalz

Limonen-Sellerie-Püree
300 g Knollensellerie
150 g Kartoffeln, mehlig kochend
100 ml Sahne
Zesten und Saft von 2 Limonen (unbehandelt)
1 EL Crème fraîche, Salz, Pfeffer

Rahmwirsing
½ Wirsing, ca. 450 g, klein geschnitten
2 EL Olivenöl, 100 ml Geflügelfond
150 ml Sahne, Salz, Pfeffer
1 TL Speisestärke, mit etwas kaltem Wasser angerührt, 40 g Butter

Wildsauce
je 100 g Zwiebeln, Möhren und Staudensellerie, gewürfelt
50 g Butterschmalz
1 kg Rehknochen
1 TL Tomatenmark
50 ml Portwein, rot, 600 ml Rotwein
5 Wacholderbeeren, zerdrückt
5 Pfefferkörner, weiß
2 Lorbeerblätter, 2 Thymianzweige
1,5 l Wildfond
50 ml Holunderbeersaft
1 EL Johannisbeergelee
50 g kalte Butter, gewürfelt
Salz, Pfeffer, 2 cl Grand Marnier

Selleriechips
½ Sellerieknolle, geputzt und in dünne Scheiben geschnitten
2 EL Mehl, Butterschmalz

1. Rehkeulenwürfel ca. 20 Minuten frieren. Die angefrorenen Würfel mit der Sahne zu einer Farce mixen, salzen und pfeffern. Vom Kastenweißbrot längs vier ca. 5 mm dicke Scheiben abschneiden und diese jeweils einseitig mit der Farce bestreichen. Die Rehrückenstücke salzen und pfeffern, je auf eine Brotscheibe legen und aufrollen. Butterschmalz erhitzen, Weißbrotrollen darin von allen Seiten goldbraun anbraten, auf Küchenpapier abtropfen lassen und dann auf einem Backblech im Ofen auf mittlerer Schiene bei 150° C 15–20 Minuten garen.

2. Sellerie und Kartoffeln schälen, kirschgroß würfeln, und mit Sahne und etwas Salz in einem Topf zugedeckt bei mittlerer Hitze 25 Minuten weich kochen. Ab und zu umrühren. Sellerie und Kartoffeln pürieren, Limonenzesten und Crème fraîche zugeben, mit Salz, Pfeffer und Limonensaft abschmecken und zugedeckt warm halten.

3. Wirsing in Öl anschwitzen. Geflügelfond und Sahne zugeben, die Hitze reduzieren und das Gemüse zugedeckt ca. 10 Minuten weich garen. Mit Salz und Pfeffer abschmecken, mit etwas angerührter Speisestärke leicht binden. Mit etwas Butter verfeinern.

4. Butterschmalz in einem Bräter erhitzen und die grob zerhackten Knochen darin dunkelbraun anrösten. Zwiebeln, Möhren und Staudensellerie und Tomatenmark mitrösten. Mit Portwein und etwas Rotwein ablöschen. Wenn die Flüssigkeit fast verkocht ist, restlichen Rotwein zugeben und einkochen. Wacholderbeeren, Pfefferkörner, Lorbeerblätter und Thymian zugeben, mit Wildfond auffüllen. Salzen und pfeffern. Wildsauce mindestens 1,5 Stunden köcheln lassen und dabei immer wieder entfetten. Sauce durch ein Küchentuch passieren, dann auf ca. 400 ml einkochen lassen. Holunderbeersaft zur Sauce geben, kurz aufkochen. Johannisbeergelee unterrühren und etwas einkochen lassen. Zum Binden Butterwürfel einrühren. Sauce mit Salz, Pfeffer und Grand Marnier abschmecken.

5. Selleriescheiben in Mehl wenden, in Butterschmalz goldgelb frittieren und salzen. Den Rehrücken im Brotmantel in Scheiben schneiden, mit dem Limonen-Sellerie-Püree und dem Rahmwirsing auf Tellern anrichten, mit der Wildsauce und den Selleriechips servieren.

Steirisches Almochsenfilet

auf Spargel-Lauch-Ragout mit Ochsenbäckchenmaultaschen

Für 4 Personen

Almochsenfilet
800 g Almochsenfilet (am besten vom Mittelstück)
20 g Butterschmalz
4 Thymianzweige, 2 Rosmarinzweige
2 Schalotten, 2 Knoblauchzehen

Sauce für Spargel-Lauch-Ragout
20 g Butter, 20 g Mehl
150 ml Sahne, 120 ml Spargelfond
Salz, Pfeffer, 2 EL Crème fraîche

Spargel-Lauch-Ragout
20 Stangen weißer Spargel
2 kleine Schalotten, fein gewürfelt
100 g Butter, 100 ml Spargelfond
30 ml Weißwein, Saft von ½ Zitrone
Salz, Pfeffer, 130 g Lauch
1 EL Blattpetersilie, gehackt

Ochsenbäckchenmaultaschen
4 Ochsenbäckchen, ca. 500 g
Salz, Pfeffer, 50 g Mehl
30 g Butterschmalz
4 Schalotten, 2 Karotten,
80 g Staudensellerie, alles grob gewürfelt
20 g Butterschmalz
1 TL Tomatenmark
200 ml Rotwein, 800 ml Kalbsfond
10 weiße Pfefferkörner
1 Lorbeerblatt, 2 Knoblauchzehen
1 Rosmarinzweig, 1 Thymianzweig
Salz, Pfeffer, 1 TL Speisestärke, in kaltem Wasser angerührt
je 50 g Karotten, Sellerie, Staudensellerie, in Würfel von 0,5 cm geschnitten

Nudelteig
2 Eier, 1 EL Olivenöl
180 g Mehl, gesiebt
40 g Grieß
Salz, 2 Eigelb

1. Filet binden, in Butterschmalz beidseitig gut anbraten. Kräuter, Schalotten und Knoblauch zugeben. Alles auf einem mit Alufolie ausgelegten Backblech im Ofen bei ca. 120 °C 40–60 Minuten langsam garen, dabei gelegentlich drehen. Für die Sauce Butter in einem Topf erwärmen, Mehl zugeben und bei mittlerer Hitze farblos rösten. Mit Sahne und Spargelfond auffüllen, salzen und pfeffern und 15 Minuten köcheln, dabei umrühren. Zum Schluss Crème fraîche zugeben.

2. Spargel schälen und in 5 cm große Stücke schneiden. Schalotten in Butter anschwitzen. Spargel zufügen und mit Spargelfond, Weißwein und Zitronensaft ablöschen. Salzen und pfeffern, Spargel zugedeckt 10–15 Minuten bei schwacher Hitze bissfest garen. Lauch in 3 cm große Rauten schneiden, in Salzwasser blanchieren, in Eiswasser abschrecken und abtrocknen. Lauch zum Spargel geben, mit der Sauce auffüllen, aufkochen und kurz vor dem Servieren Petersilie zugeben.

3. Ochsenbäckchen waschen, trocken tupfen, salzen und pfeffern, in Mehl wenden, in heißem Butterschmalz in einem Topf beidseitig anbraten und herausnehmen. Gemüsewürfel im Topf mit etwas Butterschmalz anrösten, Tomatenmark mitrösten, mit der Hälfte des Rotweins ablöschen und reduzieren. Restlichen Wein angießen, reduzieren, Kalbsfond und Gewürze zugeben und das Fleisch hineingeben. Zugedeckt bei mittlerer Hitze ca. 2–3 Stunden schmoren lassen. Bäckchen aus dem Sud nehmen, Sud passieren und um ein Drittel einkochen. Salzen und pfeffern und mit angerührter Speisestärke binden. Einen Teil der Sauce aufbewahren. Abgekühltes Fleisch klein würfeln. Gemüsewürfel in der Sauce 3 Minuten weich garen. Dann Ochsenbäckchenwürfel in die Sauce geben und die Masse erkalten lassen.

4. Für den Nudelteig alle Zutaten mischen und in Klarsichtfolie gewickelt 1 Stunde kühlen. Teig anschließend dünn ausrollen. Abgekühlte Ochsenbäckchenmasse mit einem Spritzbeutel auf den Nudelteig geben, vorsichtig einrollen, Ränder der Teigplatten mit Eigelb bestreichen, in Rauten schneiden und in Salzwasser kochen.

5. Almochsenfilet tranchieren, mit Maultaschen auf dem Spargel-Lauch-Ragout mit der reservierten Sauce anrichten.

Vegetarisches

Gebackene Zucchiniblüten
Gebratener Spargel mit Bärlauch-Crêperöllchen
Mit Couscoussalat gefüllte Tomaten
Singapurnudeln mit Shiitake-Wan-Tan

Gebackene Zucchiniblüten

mit Polenta-Oliven-Füllung

Für 4 Personen

Olivenpolenta
1 Schalotte
2 EL Olivenöl
250 ml Gemüsefond
250 ml Milch
Salz, Pfeffer
50 g Butter
90 g Polentamehl
4½ EL schwarze Oliven
30 g Pinienkerne, geröstet
30 g getrocknete Tomaten
1 Thymianzweig
1 EL Schnittlauch
8 Zucchiniblüten

Backteig
40 g Mehl
40 g Speisestärke
5 g Backpulver
2 EL Olivenöl
4 EL Weißwein
Salz
150 ml kaltes Wasser
etwas Mehl
Fett zum Ausbacken
Salz, Pfeffer
2 grüne Zucchini, ca. 200 g
3 EL Olivenöl
Salz, Pfeffer

Basilikumpesto
100 g Basilikumblätter
200 ml Olivenöl
2 Knoblauchzehen
15 g Pinienkerne
70 g Parmesan
Salz, Pfeffer

Basilikumblätter

1. Die Schalotte fein würfeln und in einem Topf in dem heißen Olivenöl glasig anschwitzen. Mit Gemüsefond und Milch ablöschen, mit Salz und Pfeffer würzen, die Butter zufügen und aufkochen lassen. Das Maismehl auf einmal in die kochende Flüssigkeit einrühren, bei kleiner Flamme 35–45 Minuten quellen lassen und dabei immer wieder umrühren. Die Oliven und die Tomaten fein hacken, den Thymian zupfen, den Schnittlauch fein schneiden und zum Schluss Oliven, Pinienkerne, getrocknete Tomaten und Kräuter unter die Polenta rühren, erkalten lassen und die Masse in einen Spritzbeutel füllen. Die Blütenstempel aus den Zucchiniblüten herausschneiden, die Blüten mit der Olivenpolenta füllen und fest verschließen.

2. Das Mehl mit Stärke, Backpulver, Olivenöl, Weißwein und Salz verrühren, mit dem kalten Wasser zu einem glatten Teig verarbeiten. Die Zucchiniblüten und Stiele mehlieren, durch den Backteig ziehen und in dem heißen Fett goldgelb ausbacken. Auf Küchenpapier abtropfen lassen und mit Salz und Pfeffer würzen.

3. Die Zucchini waschen und trocknen. Dann längs 0,5 cm dünne Scheiben auf der Aufschnittmaschine schneiden, die Scheiben längs halbieren. Das Olivenöl in einer Pfanne erhitzen, die Zucchini zugeben, anbraten, mit Salz und Pfeffer würzen und kurz vor dem Servieren das Pesto zufügen.

4. Die gewaschenen und getrockneten Basilikumblätter mit dem Öl, dem geschälten Knoblauch und den gerösteten Pinienkernen in ein Mixglas geben und das Ganze pürieren. Zuletzt den frisch geriebenen Parmesan zugeben, nochmals aufmixen und mit Salz und Pfeffer abschmecken.

5. Die gebratenen Zucchini auf einem Teller anrichten, 2 Zucchiniblüten daraufgeben und mit Basilikum garnieren.

Gebratener Spargel mit Bärlauch-Crêperöllchen

und Paprikasauce

Für 4 Personen

Gebratener Spargel
16 Stangen weißer Spargel, geschält
2 EL Butterschmalz
Salz, Pfeffer
1 EL Zucker
30 ml Weißwein
30 ml Gemüsefond

Crêpeteig
250 ml Milch
3 Eier
25 g flüssige Butter
Salz
80 g Mehl
50 g Butterschmalz
400 g Frischkäse
50 ml Milch
Salz, Pfeffer
Chili aus der Gewürzmühle
80 g Bärlauch

Paprikasauce
300 g rote Paprikaschoten
3 Thymianzweige
3 EL Olivenöl
1 Knoblauchzehe
1 Schalotte
2 EL Olivenöl
1 EL Paprikapulver, edelsüß
150 ml Gemüsefond
100 ml Weißwein
Salz, Pfeffer
Chili aus der Gewürzmühle

Bärlauchblätter

1. Die Spargelenden ca. 0,5 cm abschneiden und die Stangen in dünne, schräge Stücke schneiden. Das Butterschmalz in einer Pfanne erhitzen, die Spargelstücke darin anbraten und mit Salz und Pfeffer würzen. Mit Zucker bestreuen, leicht karamellisieren und mit Weißwein und Gemüsefond ablöschen. Etwas einreduzieren lassen.

2. Für den Crêpeteig alle Zutaten mit Hilfe eines Stabmixers in einer Schüssel zu einem glatten Teig mixen, anschließend durch ein feines Sieb gießen. Etwas Butterschmalz in einer Pfanne erhitzen und darin goldbraune Crêpes ausbacken. Diesen Vorgang so lange wiederholen, bis der Teig aufgebraucht ist. Die Crêpes gut auskühlen lassen.

3. Den Frischkäse mit der Milch glatt rühren, mit Salz, Pfeffer und Chili aus der Gewürzmühle würzen und zum Schluss den fein gehackten Bärlauch mit einem Pürierstab untermixen. Die Masse mit Hilfe einer Palette auf den Crêpes verteilen, glatt streichen, vorsichtig zusammenrollen und die Rollen in schräge Stücke schneiden.

4. Die Paprika halbieren, entkernen und mit der Hautseite nach oben zusammen mit dem Thymian auf einem Backblech verteilen. Mit Olivenöl beträufeln und im vorgeheizten Backofen auf der mittleren Schiene bei 170 °C ca. 30 Minuten garen. Anschließend aus dem Ofen nehmen, 10 Minuten unter einem feuchten Küchentuch ausdämpfen lassen und dann die Haut abziehen.

5. Den Knoblauch und die Schalotte fein würfeln. Das Olivenöl in einem Topf erhitzen, Schalotten- und Knoblauchwürfel sowie geschälten Paprika kurz darin andünsten. Mit dem Paprikapulver würzen, mit Gemüsefond und Weißwein ablöschen, mit Salz, Pfeffer und Chili aus der Gewürzmühle abschmecken und bei mittlerer Hitze weich garen. Anschließend mit einem Pürierstab fein mixen und die Sauce durch ein Sieb passieren.

6. Vor dem Servieren den Spargel mit dem fein gehackten Bärlauch mischen. Die Crêperöllchen auf dem Spargel anrichten und mit der Paprikasauce servieren.

Mit Couscoussalat gefüllte Tomaten

Für 4 Personen

Tomaten
8 mittelgroße Strauchtomaten
150 ml Gemüsefond
100 g Instant Couscous
2 Minzezweige
2 Schalotten
1 Knoblauchzehe
4 EL Olivenöl
50 ml Balsamico bianco
3 EL Pinienkerne, geröstet
30 g Rosinen
100 g Fetakäse
Salz, Pfeffer
1 TL Zimt
3,5 EL Olivenöl
Salz, Pfeffer
Zucker
50 g Rucola
50 g Frisée
2 EL Olivenöl
1 EL Balsamico bianco
Salz, Pfeffer

1. Die Tomaten waschen. Den oberen Teil wie einen Deckel abschneiden und die Tomaten vorsichtig mit einem Löffel oder Parisienneausstecher aushöhlen.

2. Den Fond aufkochen, über den Couscous gießen und ca. 5 Minuten quellen lassen. Die Minze waschen, trocken schütteln, Blätter abzupfen und hacken.

3. Die Schalotten und den Knoblauch schälen, fein würfeln und in Olivenöl andünsten. Mit Balsamico ablöschen und zusammen mit Pinienkernen, Rosinen, Minze und dem zerbröckelten Fetakäse unter den Couscous mischen. Mit Salz, Pfeffer und etwas Zimt abschmecken.

4. Die Couscousmischung in die Tomaten füllen, den Deckel wieder auflegen und die Tomaten nebeneinander in eine feuerfeste Form setzen. Die gefüllten Tomaten mit Olivenöl beträufeln, mit Salz, Pfeffer und Zucker würzen und für ca. 15–20 Minuten im 200 °C heißen Backofen garen.

5. Den Rucola und den Frisée marinieren, mit Salz und Pfeffer würzen und mit den gefüllten Tomaten auf einem Teller anrichten.

Singapurnudeln mit Shiitake-Wan-Tan

Für 4 Personen

Wan Tan
100 g Shiitake-Pilze
1 Schalotte
2 TL Sesamöl
1 TL Sweet-Chili-Sauce
1 TL Oystersauce
1 TL Koriander, fein gehackt
Salz, Pfeffer
Chili aus der Gewürzmühle
8 Wan-Tan-Blätter
1 Eigelb zum Bestreichen
500 ml Butterschmalz zum Frittieren

Singapurnudeln
3 EL Sesamöl
30 g rote Paprika
30 g gelbe Paprika
30 g Mini-Mais
30 g Möhren
39 g Sellerie
30 g Thai-Spargel
120 g Singapurnudeln, vorgekocht
1 EL Knoblauch, fein gehackt
2 EL Oystersauce
2 EL Sweet-Chili-Sauce
1 EL Sojasauce
1 EL Ingwer, fein gerieben
½ TL Curry
½ TL Kurkuma
Salz, Pfeffer
Chili aus der Gewürzmühle

1. Die Pilze putzen, Stiele entfernen und in Würfel schneiden, ebenso die Schalotten, und beides in einer Pfanne in dem heißen Sesamöl anschwitzen. Mit Sweet-Chili-Sauce, Oystersauce und dem Koriander vermischen, mit Salz, Pfeffer und Chili aus der Gewürzmühle würzen, auf ein Blech geben und abkühlen lassen.

2. Die Pilzmasse mit Hilfe eines Löffels auf den Wan-Tan-Blättern verteilen, den Rand mit Eigelb einstreichen und zu einem Dreieck zusammenfalten und die Ränder gut andrücken. Das Butterschmalz in einem Topf erhitzen und die Shiitake-Wan-Tan goldgelb bei 170 °C ausbacken.

3. Die Paprika schälen und in feine Streifen schneiden. Die Möhren und den Sellerie in feine Julienne schneiden. Das Sesamöl in einer ausreichend großen Pfanne erhitzen, den Paprika zugeben, dann Mais, Möhren, Sellerie und geputzten Thai-Spargel in die Pfanne geben. Abgekochte Singapurnudeln zufügen, mit Knoblauch, Oystersauce, Sweet-Chili-Sauce, Sojasauce, Ingwer, Curry, Kurkuma, Salz, Pfeffer und Chili aus der Gewürzmühle würzen, alles gut vermischen. Die Singapurnudeln mit den Wan Tan anrichten.

Desserts

Dessertvariation
Gebackene Kartoffeln mit Vacheron Mont d'Or
Johann Lafer's Pralinentarte
Süße Sushi mit Wasabieis
Dreierlei Sorbet im Kokos-Hippentütchen
Rosmarinparfait auf gegrilltem Pfirsich
Rhabarberconsommé mit Kokoseis

Dessertvariation

Vanille Crème brulée
Dreierlei Mousse im Weckglas
Beeren-Gazpacho mit Holunderblütenespuma
und Himbeerkrokant

Vanille Crème brûlée

Für 4 Personen

3 Eigelb
55 g Zucker
Mark von
1 Vanilleschote de Tahiti
100 ml Milch
250 ml Sahne
2 EL brauner Zucker

Das Eigelb mit dem Zucker in einer Rührschüssel verrühren. Vanillemark und -schote, die Milch sowie die Sahne einmal aufkochen, mit dem Eigelb verrühren und über einem heißen Wasserbad so lange rühren, bis die Masse eine leichte Bindung bekommt. Anschließend durch ein Sieb passieren und die Masse in kleine Schälchen füllen. Diese bei 90 °C im Wasserbad im Backofen ca. 40–60 Minuten stocken lassen. Die abgekühlte Crème gleichmäßig mit braunem Zucker bestreuen und diesen mit einem Bunsenbrenner karamellisieren.

Dreierlei Mousse im Weckglas

1 Ei
2 EL Wasser
1 Blatt Gelatine, in kaltem Wasser eingeweicht
130 g Vollmilchschokolade
20 g Bitterschokolade
2 EL Rum
250 g geschlagene Sahne

2 Eigelb
2 EL Wasser
2 Blatt Gelatine, in kaltem Wasser eingeweicht
4 EL Orangenlikör
140 g weiße Schokolade
abgeriebene Schale von
½ Orange (unbehandelt)
250 g geschlagene Sahne

1 Ei
2 EL Wasser
etwas Moccapulver
130 g Bitterschokolade
250 g geschlagene Sahne
150 ml Orangensaft
1 EL Zucker
Mark von
3 Passionsfrüchten
2 Blatt Gelatine

1. Das Ei mit Wasser über heißem Wasserbad aufschlagen. Die in kaltem Wasser eingeweichte Gelatine und die aufgelöste Vollmilch- und Bitterschokolade dazugeben. Den Rum zugeben, glatt rühren und die geschlagene Sahne unterheben. Die Masse auf die Gläser verteilen und kalt stellen.

2. Das Eigelb mit Wasser wieder über heißem Wasserbad aufschlagen und die in kaltem Wasser eingeweichte Gelatine dazugeben. Den Orangenlikör, weiße flüssige Schokolade und abgeriebene Orangenschale einrühren und geschlagene Sahne unterheben. Diese Masse auf die angestockte erste Schicht geben und wieder kalt stellen.

3. Für das dritte Mousse das Ei mit dem Wasser und dem Moccapulver über heißem Wasserbad aufschlagen. Die aufgelöste Bitterschokolade zugeben, glatt rühren und die geschlagene Sahne unterheben. Diese Masse nun wieder in die Gläser mit den ersten beiden Schichten geben und nun für ca. 2 Stunden in den Kühlschrank stellen. Den Orangensaft um 1/3 reduzieren, Zucker und Passionsfruchtmark zugeben. Die in kaltem Wasser eingeweichte Gelatine gut ausdrücken und in dem Orangen-Passionsfrucht-Sud auflösen, durch ein Sieb passieren und abkühlen lassen. Kurz vor dem Gelieren auf die Mousse verteilen und wieder in den Kühlschrank stellen.

Dessertvariation

Beeren-Gazpacho mit Holunderblütenespuma und Himbeerkrokant

150 g Zucker
1 Zimtstange
2 Nelken
2½ getrocknete Chilischoten, gehackt
1 Vanilleschote de Tahiti, aufgeschlitzt
2 Sternanis
abgeriebene Schale von ½ unbehandelter Orange
abgeriebene Schale von ½ unbehandelter Zitrone
650 g gemischte Beeren (Erdbeeren, Himbeeren, Brombeeren, Johannisbeeren, Heidelbeeren)
150 ml trockener Sekt

Holunderblütenespuma
3 Blatt Gelatine
300 ml Holunderblütensirup
3 Eiweiß

Himbeerkrokant
150 g Himbeerbonbons

1. Den Zucker mit 200 ml Wasser, den Gewürzen und Orangen- und Zitronenschalen in einen Topf geben und bei mittlerer Hitze etwa 10 Minuten köcheln lassen. Anschließend den Gewürzsud vollständig auskühlen lassen. Die Beeren waschen, putzen und je nach Größe in Stücke schneiden. Die Hälfte davon in 4 eisgekühlte Gläser verteilen. Restliche Beeren in einen Mixer geben, den Gewürzsud durch ein Sieb dazugießen und alles fein mixen. Zum Schluss den Sekt unterrühren.

2. Gelatine 5 Minuten in kaltem Wasser einweichen. Ein Drittel des Sirups erhitzen, Gelatine ausdrücken und darin auflösen. Restlichen Sirup und Eiweiß zugeben, alles gründlich miteinander verrühren und dann durch ein Sieb in einen Sahne-Siphon (iSi) umfüllen. Diesen verschließen, 2 Patronen nacheinander einschrauben, gut schütteln und für 2–3 Stunden kalt stellen. Das Beeren-Gazpacho in die Gläser über die Beeren gießen, Holunderblütenespuma kurz vor dem Servieren daraufgeben und mit Himbeerkrokant garnieren.

3. Die Himbeerbonbons in einer Küchenmaschine zu feinem Pulver mahlen. Ein mit Backpapier ausgelegtes Backblech gleichmäßig mit dem Pulver durch ein Sieb bestreuen und unter dem Backofengrill in ca. 15 Sekunden schmelzen lassen. Anschließend auskühlen und den Krokant in grobe Stücke brechen.

4. Die beiden Gläser und die Schale mit der Crème brûlée auf einem Teller anrichten und servieren.

Gebackene Kartoffeln mit Vacheron Mont d'Or

auf Tomaten-Aprikosen-Chutney

Für 4 Personen

Tallegiokartoffel
8 mittelgroße, fest kochende Kartoffeln
100 g Vacheron Mont d'Or
1 TL Thymianblättchen
Salz, Pfeffer

Tomaten-Aprikosen-Chutney
1 Schalotte
1 Knoblauchzehe
5 getrocknete Aprikosen
5 getrocknete Tomatenfilets
2 EL Pinienkerne
20 ml Olivenöl
½ Chilischote, fein gewürfelt
1 EL Zucker
30 ml Balsamico-Essig
100 ml Aprikosensaft
Salz, Pfeffer
Chili aus der Gewürzmühle

100 g Blattsalate (Frisée, Rucola, Kresse)
2 EL Balsamico bianco
3 EL Arganöl
Salz, Pfeffer
2 EL Schnittlauchröllchen

1. Die Kartoffeln als Pellkartoffeln garen und noch warm schälen. Anschließend auskühlen lassen, der Länge nach halbieren und vorsichtig aushöhlen. Den Backofengrill einschalten.

2. Den Käse mit den Thymianblättchen mischen, mit Salz und Pfeffer kräftig abschmecken und in die ausgehöhlten Kartoffelhälften geben. Die Kartoffelhälften unter den Grill legen und goldgelb gratinieren.

3. Die Schalotte und die Knoblauchzehe schälen und fein würfeln. Die Aprikosen und die Tomatenfilets fein würfeln, die Pinienkerne in einer Pfanne ohne Fett goldbraun rösten.

4. Das Olivenöl in einer Pfanne erhitzen. Die Schalotten, Knoblauch, Chili, Aprikosen und Tomaten darin anschwitzen. Den Zucker einstreuen und leicht karamellisieren lassen. Mit dem Balsamico-Essig und dem Aprikosensaft ablöschen, mit Salz, Pfeffer sowie Chili aus der Gewürzmühle würzen und das Chutney marmeladeartig einkochen lassen. Anschließend erkalten lassen.

5. Die Salate putzen, waschen und trocken schleudern. Dann mit weißem Balsamico und Öl marinieren und mit Salz und Pfeffer abschmecken.

6. Die Kartoffelhälften auf dem kalten Chutney anrichten und mit dem Salat garnieren.

Johann Lafer's Pralinentarte

mit geeister Moccasauce und Truffe d'Or

1. Butter mit Puderzucker schaumig schlagen. Weiße, aufgelöste Schokolade und Eigelb nach und nach beigeben. Weiter schaumig schlagen. Getrennt davon das Eiweiß mit Zucker schaumig schlagen. Den Eischnee abwechselnd mit Mehl und Walnüssen vorsichtig unter die Schokoladenmasse heben. In die Förmchen füllen und bei 180 °C ca. 30 Minuten backen. Gut auskühlen lassen.

2. Eier über einem Wasserbad schaumig schlagen. Nougat und Bitterkuvertüre im Wasserbad auflösen und zu den aufgeschlagenen Eiern geben. Orangenschale, Amaretto, Grand Marnier und Rum hinzufügen. Sahne und Crème double zusammen nicht zu steif schlagen und mit dem geschlagenen Eiweiß unter die Schokoladenmasse heben.

3. Pralinencreme auf die ausgekühlten Böden in die Förmchen füllen und für 2–3 Stunden kühl stellen. Die Sahne mit dem Kakao einmal aufkochen und die Kuvertüre einrühren. Sofort von der Flamme nehmen und mit Grand Marnier und Orangenschale abschmecken. Abkühlen lassen. Die Sahne und die Prise Salz einmal aufkochen. Kuvertüren schnell einrühren. Von der Flamme nehmen und mit Cointreau abschmecken. Abkühlen lassen. Die beiden ausgekühlten Massen einmal mit einem Schneebesen kurz durchrühren, bis sie sämig sind.

4. Trüffelhohlkugeln mit einem Spritzsack mit kleiner glatter Tülle mit der Pralinenmasse I zur Hälfte füllen, kurz kühlen. Anschließend mit der Pralinenmasse II auffüllen. Die Schokolade im Wasserbad schmelzen, temperieren und die Öffnung der Hohlkugeln damit verschließen. Trüffel einzeln mit einer Pralinengabel in die warme Schokolade tauchen, auf ein Pralinengitter setzen, kurz anziehen lassen und Trüffel mit der Gabel auf dem Gitter rollen.

5. Sahne mit Milch, Zucker und Espressopulver aufkochen. Eigelb zur Kaffee-Milch geben, kräftig rühren, bis die Sauce bindet und passieren. Vanilleeis in die gekühlte Sauce geben, schaumig mixen.

6. Pralinentarte aus den Tarteförmchen stürzen, mit Kakao bestäuben, mit Trüffeln anrichten, diese mit Blattgold verzieren und mit der Moccasauce servieren.

Für 4 Tarteförmchen mit
9 cm Durchmesser

Tortenboden
40 g Butter
20 g Puderzucker
40 g weiße Schokolade, aufgelöst
2 Eigelb, 3 Eiweiß
25 g Zucker, 40 g Mehl
20 g Walnüsse, gemahlen

Pralinencreme
2 Eier
60 g heller Nougat
150 g Bitterkuvertüre, klein geschnitten, abgeriebene Schale von 1 unbehandelten Orange
1 cl Amaretto, 1 cl Grand Marnier
1 cl Stroh-Rum
150 g Sahne, 75 g Crème double
1 geschlagenes Eiweiß

Kakao
Truffe d'Or: Pralinenmasse I
125 ml Sahne
½ TL Bitterkakao
125 g Bitterkuvertüre
5 cl Grand Marnier
abgeriebene Schale von
1 unbehandelten Orange

Pralinenmasse II
150 ml Sahne, 1 Prise Salz
je 100 g weiße Kuvertüre, Vollmilchkuvertüre, klein geschitten
30 ml Cointreau (60 %)
60 fertige Trüffelhohlkugeln
600 g dunkle Kuvertüre

Geeiste Moccasauce
125 ml Schlagsahne, 125 ml Milch
40 g Zucker
1 EL Espressopulver (Instant)
3 Eigelb
2 Kugeln Vanilleeis
Kakao, Blattgold

Süße Sushi mit Wasabieis

Für 4 Personen

Reis
300 g japanischer Sushi-Reis
150 ml Kokosmilch
3 EL Zucker
50 ml Reisessig
4 EL Pflaumenwein

Crêpes
2 Eier
100 g Mehl
150 ml Milch
3 EL Zucker
1,5 EL Butterschmalz
2 Pflaumen, Mandarinen oder Pfirsiche
1 Orange
Fruchtfleisch von ¼ Wasser- oder Honigmelone
100 g flüssige Zartbitterschokolade

Wasabieis
2 Eigelb
2 EL Zucker
300 ml Milch
50 g Milchpulver
15 g Wasabipaste

1. Den Reis in einem Sieb mit kaltem Wasser gründlich abbrausen. Anschließend abtropfen lassen und in einem Topf mit 300 ml kaltem Wasser, Kokosmilch und Zucker bei mittlerer Hitze zum Kochen bringen. Den Reis offen ca. 1 Minute sprudelnd kochen, dann bei milder Hitze zugedeckt ca. 10 Minuten garen und in eine große flache Schüssel umfüllen.

2. Den Reisessig und den Pflaumenwein miteinander verrühren und mit einem Spatel unter den noch warmen Reis mischen. Dabei den Spatel abwechselnd längs und quer durch den Reis führen, so dass der Reis eher geschnitten als gerührt wird. Dadurch bleibt er körniger. Den Reis abkühlen lassen.

3. Die Eier mit Mehl, Milch und Zucker zu einem glatten Teig verrühren. Aus dem Teig portionsweise in einer großen Pfanne in etwas heißem Butterschmalz 4 große, dünne Crêpes ausbacken und diese abkühlen lassen. Das Obst waschen und in dünne Scheiben schneiden. Aus dem erkalteten Reis mit angefeuchteten Händen kleine längliche Klößchen formen und diese mit den Obstscheiben belegen. Für die Röllchen den Reis gleichmäßig etwa 1 cm auf die Crêpes verteilen. Wassermelone in etwa 1–2 cm dicke Balken schneiden, auf den Reis legen und straff einrollen. Röllchen rundum dünn mit flüssiger Schokolade einpinseln und für 15 Minuten kühl stellen. Dann mit einem scharfen Messer in etwa 3–4 cm dicke Stücke schneiden.

4. Das Eigelb mit dem Zucker schaumig aufschlagen, bis die Masse weiß und dicklich ist. Die Milch mit dem Milchpulver aufkochen, unter ständigem Rühren unter die Eimasse geben, mit Wasabipaste abschmecken und in einer Eismaschine frieren.

5. Zu meinen süßen Sushi serviere ich Pflaumenweinsauce (Pflaumenmus und Pflaumenwein) sowie süß-sauer eingelegte, hauchdünne Ananasscheiben.

Dreierlei Sorbet im Kokos-Hippentütchen

Für 4 Personen

Limonen-Basilikum-Sorbet
150 ml Limonensaft
300 ml Weißwein
150 ml Läuterzucker
1 Blatt Gelatine
10–15 Basilikumblätter

Himbeersorbet
500 g Himbeeren
150 g Puderzucker
1 EL ungesüßter roter Johannisbeersaft
2 EL Himbeergeist
Saft von 1 Limette
1 Eiweiß

Mangosorbet
60 g Zucker
300 g Mangofruchtfleisch, ohne Schale
4 EL weißer Portwein
Saft von 1 Limette
abgeriebene Schale von 1 Limette (unbehandelt)

Kokostütchen
200 g Marzipanrohmasse
1 Ei
2 EL Mehl
100 ml Milch
50 g Zucker

50 g Kokosraspeln

1. Von der Flüssigkeit 250 ml beiseite stellen und den Rest in der Eismaschine gefrieren. Bevor das Sorbet vollkommen fest gefroren ist, die gewaschenen Basilikumblätter mit den 250 ml Restflüssigkeit ganz fein pürieren, zu dem Sorbet geben und alles zusammen fertig frieren.

2. Für das Sorbet die Himbeeren mit Puderzucker, Johannisbeersaft, Himbeergeist und Limettensaft verrühren. Das Ganze zugedeckt etwa 1 Stunde marinieren. Danach die Himbeeren durch ein feines Sieb streichen und mit dem Eiweiß gut mischen. In einer Eismaschine gefrieren lassen.

3. Den Zucker in 50 ml Wasser erwärmen, leicht einkochen und abkühlen lassen. Das Fruchtfleisch der Mango mit der Zuckerlösung, Portwein, Limettensaft und -schale in einem Mixer pürieren, durch ein Sieb passieren und in einer Eismaschine gefrieren.

4. Für das Kokostütchen alle Zutaten in einen Becher geben und mit einem Pürierstab zu einer glatten, fließenden Masse mixen. Den Teig mit Hilfe einer Palette und einer runden Schablone von ca. 10 cm Durchmesser gleichmäßig dünn auf ein mit Dauerbackfolie ausgelegtes Backblech streichen und mit Kokosraspeln bestreuen. Anschließend im 180 °C heißen Backofen in etwa 4–5 Minuten goldbraun backen, aus dem Ofen nehmen, die gebackenen Teigkreise vorsichtig mit einer Palette von der Folie lösen und noch warm zu Tütchen formen.

5. Die Sorbets in einen Spritzbeutel mit Spritztülle füllen, in die Kokostütchen spritzen und servieren.

Rosmarinparfait auf gegrilltem Pfirsich

mit Passionsfruchtsauce und Karamellkrokant

Für 4 Personen

Rosmarinparfait
500 ml Sahne
150 g Zucker
3 Rosmarinzweige
5 Eigelb

Gegrillter Pfirsich
4 Pfirsiche
Puderzucker

Passionsfruchtsauce
2 EL Zucker
Mark von 1 Vanilleschote
4 Sternanis
3 Kardamomkapseln, angedrückt
1 Zimtstange
250 ml Orangensaft
2 Passionsfrüchte
1 EL Speisestärke, in kaltem Wasser angerührt

Karamellkrokant
150 g Karamellbonbons
(z.B. Werther's Echte)

1. Die Sahne mit Zucker und dem grob zerkleinerten Rosmarin aufkochen, vom Herd nehmen und ca. 30 Minuten ziehen lassen. Die Rosmarinsahne durch ein Sieb zum Eigelb gießen, miteinander verrühren und über einem heißen Wasserbad zu cremiger Konsistenz aufschlagen. Dann zugedeckt im Kühlschrank 5 Stunden durchziehen lassen. Die erkaltete Rosmarinsahne mit einem Handrührgerät in etwa 5 Minuten zu einer cremig festen Konsistenz aufschlagen, die Masse in eine mit Folie ausgekleidete Form füllen und für 6–8 Stunden in das Gefrierfach stellen.

2. Die Pfirsiche in 1 cm dicke Scheiben schneiden, die Schnittflächen mit Puderzucker bestreuen und in einer Grillpfanne vorsichtig braten, so dass ein Grillmuster zu sehen ist und der Puderzucker karamellisiert.

3. Den Zucker karamellisieren, die Gewürze zufügen und mit Orangensaft ablöschen. Die Passionsfrüchte halbieren, das Fruchtmark samt Kernen zufügen. Das Ganze um etwa ein Drittel einkochen lassen. Anschließend die Gewürze entfernen, die Sauce mit etwas angerührter Speisestärke leicht binden und abkühlen lassen.

4. Die Karamellbonbons in einer Küchenmaschine zu feinem Pulver mahlen. Ein mit Backpapier ausgelegtes Backblech gleichmäßig mit dem Pulver (durch ein Sieb) bestreuen und unter dem Backofengrill in ca. 15 Sekunden schmelzen lassen. Anschließend auskühlen und den Krokant in grobe Stücke brechen. (Tipp: Man kann auch Schablonen für eigene Formen benutzen).

5. Die gegrillten Pfirsichscheiben fächerförmig auf Teller anrichten. Das Parfait in Rechtecke schneiden, auf die Pfirsiche geben, mit dem Karamellkrokant belegen und mit der Passionsfruchtsauce garnieren.

Rhabarberconsommé mit Kokoseis

und Erdbeeren

1. Den Rhabarber waschen, schälen und fein würfeln. Die Würfel mit Weißwein und Zucker in einen Topf geben, einmal aufkochen und bei schwacher Hitze ca. 30 Minuten ziehen lassen. Anschließend durch ein Tuch passieren, die Flüssigkeit auffangen und diese im Kühlschrank abkühlen lassen.

2. Die Sahne mit Zucker aufkochen. Die in kaltem Wasser eingeweichte und gut ausgedrückte Gelatine in der noch heißen Flüssigkeit auflösen, das Kokospüree und den Kokoslikör zugeben, vermischen und die Masse in einer Eismaschine gefrieren.

3. Die Kokosnuss aufbrechen, das Fruchtfleisch auslösen und auf einer Aufschnittmaschine in 1 mm dünne Scheiben schneiden. Diese bei 80 °C im Ofen bei Ober- und Unterhitze 3–4 Stunden trocknen.

4. Die Kuvertüre über einem Wasserbad schmelzen, anschließend portionsweise über eine Metallhalbkugel gießen und abkühlen lassen. Diesen Vorgang zwei- bis dreimal wiederholen. Beim letzten Mal mit Kokosflocken bestreuen. Die Schokoladenkuppeln für 30 Minuten kalt stellen, dann die Schokoladenkuppeln vorsichtig von den Förmchen lösen.

5. Die Erdbeeren putzen und vierteln. Die Rhabarberconsommé in tiefen Tellern anrichten, Erdbeeren zufügen. Die Schokoladenkuppel mit der offenen Seite nach oben in die Consommé stellen, eine Kugel Kokoseis hineingeben und mit den Kokoschips garnieren.

Für 4–6 Personen

Rhabarberconsommé
500 g Rhabarber
500 ml Weißwein (Riesling)
150 g Zucker

Kokoseis
100 ml Sahne
60 g Zucker
1 Blatt Gelatine
500 g Kokospüree (z.B. Boiron)
5 cl Kokoslikör

Kokosnusschips
½ Kokosnuss

Schokoladenkuppel
250 g dunkle Kuvertüre
50 g Kokosflocken

250 g Erdbeeren

REGISTER

REGISTER

Impressum

Johann Lafer
2008 © Bibliothek der Köche für die Süddeutsche Zeitung Edition,
Süddeutsche Zeitung GmbH, München

Fotografie: Bernd Grundmann
Texte: Ingo Swoboda
Rezepte: Johann Lafer
Art Director: Eberhard Wolf
Grafik: Julia Wolf, Dennis Schmidt
Projektmanagement: Katinka Holupirek
Projektleitung: Dirk Rumberg

Litho: JournalMedia GmbH, München
Herstellung: Hermann Weixler, Luitgard Ludwig
Druck und Bindung: Holzhausen Druck & Medien GmbH, Wien

Printed in Austria
ISBN: 978-3-86615-570-1

Bibliothek der Köche

Einfach kochen wie die Besten

Sterneköche für zu Hause